전원책의 신군주론

한국 민주주의의 허구를 꿰뚫는 통찰

전원책의 신군주론

전원책 지음

중앙books
JoongAng Ilbo

권력자에게 질문할 수 없거나,

권력자가 답하지 않는 사회는 민주사회가 아니다

어머니와 아내 정직한 개 부래, 단출한 내 가족에게.

■ 서문 ■

그물에 들지 않기 위해 이 책을 쓴다

욕심 많은 물고기가 먼저 잡힌다. 새벽 강에 나가보라. 밤새 그물에 걸려든 물고기 한 마리. 그 물고기는 영리한 놈인가? 멍청한 놈인가? 아니면 그저 운이 다한 놈인가?

일찍이 안회顔回는 천하를 앞에 두고도 그 이름대로 이를 외면했다. 그는 누항陋巷에 들어 스승 공자의 가르침에 한 점 어긋남이 없었지만 굳이 그러지 않더라도 선비의 지조를 팔지 않으면 될 일이었다. 나는 본다. 무수한 식객食客들이 선비 연然하며 당상堂上에 올라 천하의 이치理致를 논하는 것을! 그것까진 좋다. 그들이 논하는 세상이 나와 무슨 상관이겠는가? 그러나 오늘 한 말씀을 보탠다.

'대개 멍청한 자들의 버릇 중 하나는, 자신의 말이 가치 있다고 막연하게 믿는 것이다.'

2014년 가을 동교동 선학제善學齊에서

전원책 쓰다

이 책은 정치학 교과서에 없는, 정치에 대한 몇 가지 진실을 적은 것이다. 아무런 적의敵意를 가지지 않은 채 정직한 시선을 가지는 데 유의했다. 무엇보다도 통치자의 덕목德目과 정치의 본질에 관해 고심을 거듭했다.

독자들은 민주주의를 믿을 것이다. 자신이 주권主權을 가지고 있고, 그 주권을 행사하고 있다는 것을 의심하지 않을 것이다. 투표소에서 한 표를 행사하는 것으로 시민市民이라는 사실에 만족할 것이다.

그러나 민주주의는 허구虛構다. 강단講壇에서 논해지는 민주주의는 없다. 그건 상상에 지나지 않는다. 우리가 대표를 뽑거나 공동체의 정책에 관여하고 있다는 것은 있을 수 없는 일이다. 우리의 대표가 선의善意에 가득 찬 현명한 자라고 생각한다면, 착각이다.

잘못된 민주주의는 국가를 타락시킨다. 그러나 어쩌랴. 민주주의는 우리가 찾은 최선의 제도다. 언젠가는 정치를 대체할 그 무엇이 나올 시대가 올 것이다. 적어도 그때까지 우리는 선善한 정치를 함께 고민해야 한다.

감사의 말씀

글을 읽고, 생각하고, 망설이지 않는 용기를 주는 건 언제나 가족이다. 아들의 책상에 불을 밝히는 늙으신 어머니와 묵묵히 도와준 아내, 늘 내 편인 형제들이 없었으면 이 문답問答을 어찌 글로 남길 수 있겠는가?

많은 분들이 내게 은혜를 베풀었다. 손정우 누님, 김현숙 여사, 이회창 총재, 정광일 선생, 정운찬 박사, 장준익 장군, 장충기 사장, 이영애 변호사, 김찬진 박사, 손길승 회장, 배석규 사장, 김완표 아우, 강미라 교수, 감태준 시인, 양영태 박사, 김지원 변호사, 송덕진 박사, 김순덕 유인경 김진 기자, 박찬숙 손석희 박종진 신동호 김설혜 앵커, 최인식 총장, 전상원 선생, 김영유자효 김한영 선배, 묵묵히 도와준 석수현 안지영 양, 오랜 벗 신종덕 군, 무엇보다도 편집을 책임진 주은선 씨, 그리고 팬 클럽 회원들, 선배 동료 법조인과 언론인들, 자유문화인 모임 회원들, 『진실의 적들』과 『자유의 적들』을 읽어준 많은 독자들. 이 분들 때문에 나는 살아 있다!

차례

제 1 부

희극적 정치

정치란 무대 위에서 배우들이 벌이는 선정적인 사기극이다.
예술이라 부르기에는 지나치게 통속적이고 너무 희극적이다.

01

인류를 향상시킨 가장 위대한 생각이 회의론懷疑論이라면, 다음 시대의 가장 위대한 발견은 정치를 대체할 그 무엇이 될 것이다.

장 자크 루소Jean Jacques Rousseau는 1749년 '학문과 예술의 발전이 풍속을 부패시켰는가, 도덕의 향상에 기여하였는가?'라는 주제의 디종 아카데미 현상광고에, 단지 '영감을 받아 쓴 논문'인 「학문과 예술론」으로 당선되었다. 그의 결론은 '문명 발달이 도덕을 타락시켰다'는 것이었다. 오늘날에도 그 결론은 틀리지 않았다.(루소의 논문은 그리 상찬할 게 못 되지만 그 결론은 인구人口에 회자膾炙되고 있다.)

그렇다면, 정치는 우리를 향상시키는가?

역시 '아니다'일 것이다. 과학이 발달하면서 예술과 종교의 영향력이 확연하게 줄어든 오늘날, 정치는 이미 종교를 완전히 대체할 정도로 영향력이 커졌지만 인류의 향상과는 별 상관이 없다. 사회공학이나 복지국가에 대한 광신狂信과 더불어, 가진 자와 배운 자가 지배계급을 이룬다는 의심이 증폭되는 것이 그 단적인 증거다.

그렇다면 미래에 정치를 대체할 그 '무엇'은 과연 무엇일까?
종교도, 과학도, 예술도, 정치도 아닌 그 무엇.

정치는 필연적으로 축소된다. 문명이 발전하고 교육이 보편화되면서 민도民度가 향상되기 때문이다. 더욱이 정보의 대량유통으로 인해 정치는 투명해질 수밖에 없다. 그런 결과 오늘날처럼 정치인들이 의사당의 밀실에서 전단專斷할 수 있는 일들은 급격하게 줄어들 것이다. 정책의 방향도 수많은 시행착오를 겪으면서 한 쪽으로 고정될 것이다.

그렇다고 해서 낙관은 금물이다. 그런 시대가 온다면 역동성의 상실로 인해 대중은 정치에 아무런 흥미를 가지지 못할 것이어서 또 다른 형식의 독재가 출몰할 것이다. 보이지 않은 권력이 정치를 대신해 모든 것을 전단할 수도 있다. 어쩌면 모든 경우가 상정된 컴퓨터 같은 존재가 독재자의 의자에 앉아 인간을 비웃는 시대가 될지도 모른다.

02

정치인은 결점이 너무 많은 배우다. 정치란 무대 위에서 그런 배우들이 벌이는 선정적煽情的인 사기극詐欺劇이다.

예술이라 부르기에는 지나치게 통속적通俗的이고 너무 희극적喜劇的이다. 대중은 이 연극이 진지하다고 믿지만 그건 배우들의 훌륭한 연기 때문이 아니라 민주주의에 대한 오랜 오해 덕분이다. 우리가 선출한 대표가 우리를 위해 헌신할 것이라는 이 오해는, 사실 오해라기보다 실현 불가능한 상상에 불과하다.

대개 이 무대에 오른 배우는 절대 정치를 해선 안 되는 자가 아니면 다른 일이라곤 아무것도 할 수 없는 자다. 전자는 다만 권력을 탐할 뿐인 사기꾼이고 후자는 허명虛名을 좇는 건달이다.

당연히 열 중 아홉은 자신이 공복公僕이라는 사실조차 이해하지 못한다. 선거를 통해 자신이 권력을 차지한 것이며, 그 권력을 행사하는 것이, 언제나 무조건적으로 민의民意에 부합하여 정당하다고 믿는 것이다.

그런데 이 연극의 치명적인 결함은 막상 관객인 대중이 그런 배우들의 어설픈 연기를 아무도 의심하지 않고 있다는 사실이다. 심지어는 가장 통속적인 배우가 가장 인기를 끌어 대중의 우상偶像이 된다. 대중은 그에게 모든 희망을 걸지만 결과는 언제나 처참하다.

대중이 환상에서 깨어나는 건 그러고도 한참이 지난 뒤거나 그 배우가 땅에 묻힌 뒤다. 기념관이 건립되고 그 앞에 동상이 선 뒤에야 비로소 그 배우가 얼마나 엉망이었는지, 그가 얼마나 잔인하게 대중을 속인 '진짜 배우'였는지 실체적 진실이 조금씩 드러난다. 그것도 그때까지 적의敵意를 잃지 않고 있는 몇 안 되는 목격자에 의해서다.

이래서 민주주의가 중우정치衆愚政治가 되는 일차적 책임은 대중에게 있다.

02-1

말하자면 사람들은 선거를 통해 자신들의 대표라고 믿는 자를 의회에 보내지만 그 대표는 그 어떤 경우에도 대표로서 행동하지 않는다.

그래도 대중은 자신이 민주주의를 충분히 이해하고, 또 기여하고 있다고 생각한다. 단지 투표소에 나가서 제시된 선택지選擇肢 중 한 사람에게 표를 던지는 행위만으로도 대중은 자신이 이 나라의 모든 정책에 관여한다는 착각에 빠져서 민주주의의 수혜자가 되었다고 믿는다. 그런 터무니없는 결론에 만족해하는 것이다.

그러고는 잊는다. 대중이 쉽게 잊는다는 것은 민주주의가 별 탈 없이 돌아가게 하는 원동력이다. 자신이 무대에 올린 배우의 연기를 제대로 지켜보는 사람은 언제나 극소수다. 좀 더 정치적인 사람도 조간신문이나 텔레비전의 저녁 뉴스를 보는 것으로 충분히 자신이 정치를 감시하고 있다고 생각한다.

사실 텔레비전에 펼쳐지는 이런 3류극의 전개나 결말은 뻔하다. 조금만 집중해 보면 이 연극이 어디로 흘러갈 것인지 금방 드러난다. 그래서 가끔 관객의 허를 찌르는 엉뚱한 결말에 대중은 오히려 신선함을 느낀다. 간교한 정치인들이 깜짝 쇼를 벌이는 이유다.

대중은 카메라가 비추지 않은 어두운 곳에서 벌어지는 진짜 드라마는 결코 볼 수 없다. 진짜 정치는 그 어두운 곳에서 벌어지는 것이다.

우리가 그 드라마를 '흑막黑幕'이라고 부르는 이유다.

03

정치는 훌륭한 정치인이 하는 것이다. 사이비似而非가 하는 건 정치극政治劇에 불과하다.

정치가 연극이 되지 않으려면 무대에 올라가 조악粗惡한 연기를 하는 3류배우가 아닌, 대중을 이끄는 진정한 리더십이 요구된다. 그러나 어떤 권력을 맡겨놓아도 무방할 정도로, 정치인으로서의 모든 덕목을 갖춘다는 것은 사실 거의 불가능하다.

정치인에게 요구되는 최소한의 자질을 말하자면 미래를 내다보는 지혜와, 선악을 가릴 줄 아는 곧은 정신, 그리고 소아小我를 버리고 일의 경중輕重을 아는 균형감각, 좌고우면左顧右眄하지 않는 결단력이다.

지혜는 수많은 어젠다에 대한 폭넓은 지식을 바탕으로 한다. 선악을 아는 정신은 곧 용기다.(선악에 무지한 용기가 곧 만용蠻勇이다.) 균형감각에 필요한 것은 정직이다. 결단력은 정의감에서 비롯된다. 그래서 정치인에게 필요한 품성은 지식과 용기, 정직과 정의감이다. 이 넷에 사람을 가려볼 수 있는 용인술이 있어야 한다.

사실 이런 품성을 확인하기란 매우 어렵다. 그래서 정치인이든 누구든 무릇 공직에 나아가려는 자를 판단하려면, 지식을 갖춘 자로서 돈에 있어서 깨끗한지, 병역과 납세를 포함한 공동체에 대한 의무를 다했는지를 살펴보아야 한다. 공사公私가 분명하고 공적 의무를 다한 자는 최소한의 도덕성은 가지고 있기 때문이다.

최악의 배우는 만용으로 가득찬 부정직한 건달이다. 우리는 그런 배우를 너무 많이 만났다.

04

정치란 곧 권력으로써 통치하는 행위다.

오늘날 권력을 획득하는 수단과 과정은 다채롭다. 그러나 분명한 것은 권력의지權力意志 자체가 대부분 불순한 욕망에 지나지 않는다는 것이다. 문민정부의 정치인들, 더 나아가서 통치자의 권력의지가 군사정권보다 선善하다고 누가 자신할 수 있을 것인가?

이렇게 된 건 정치가 아니라도 가치 있는 일이 많아 선한 자질을 가진 자가 정치를 기피하는 까닭도 있지만, 더 큰 이유는 정치조직들이 패거리화하면서 폐쇄적으로 변했기 때문이다.

권력의지가 불순하므로 권력으로 나아가는 수단은 비열하며 그 과정은 거짓과 편법으로 얼룩져 있다. 거짓을 행하지 않은 자가 통치자가 된 경우를 보았는가? 큰 거짓말을 할수록 큰 권력을 얻는다.

플라톤Platon이 오늘의 세계를 보았다면 그는 결코 『국가』를 쓰지 않았을 것이다. 오늘날은 철인哲人조차 존중받을 수 없기 때문이다. 만약 선善한 의지로 가득 찬 '금金의 영혼'을 가진 수호자가 있다면 그는 바보이거나 까마득한 과거에서 온 시간여행자일 것이다.(플라톤은 『국가』에서 금의 영혼을 가진 수호자, 은의 영혼을 가진 전사戰士, 철과 동의 영혼을 가진 농부와 장인으로 구성된 이상국가理想國家를 설명했다.)

그래서 말하건대 정치를 하려면 선한 마음을 버려야 한다. 무릇 정치인으로 입신양명立身揚名하려면 무식이 폭로되고 거짓이 밝혀지고 야비함이 만천하에 드러나도 결코 낯빛을 바꾸지 않는 뻔뻔함을 가져야 한다. 무엇보다도 자신만이 옳으며 자신은 오해받고 있다고 외칠 수 있는 용기를 가져야 한다.

이런 냉혈冷血과 철면鐵面 그리고 오만傲慢이야말로 정치인으로서 성공하기 위한 필요조건이다.

05

누가 권력자인가?

모든 권력은 국민에게서 나오지만 국민은 결코 권력자가 아니다. 성숙한 민주주의 시스템이 조성되고 그 시스템이 잘 돌아가는 국가에서도 '이너서클'은 존재한다. 귀족 가문을 위시한 정치적 명문가와 재벌, 언론을 장악한 파워 엘리트들이 그들이다.(예를 들자면 미국의 록펠러 가문, 케네디 가문을 들 수 있다.) 이런 이너서클의 일원이 되면 그 자체로 권위를 가진다. 그것이 권력이다.

민주주의가 성숙하는 단계의 국가라면 이너서클에 들기 위한 암투는 더욱 치열하다. 정치적 명문가와 파워 엘리트가 아직 형성되어 있지 않은데다가 이너서클이 마치 성골聖骨 집단처럼 소수화 되어 있기 때문이다. 그들은 '일류一流'이고 나머지는 이류다.

그러나 대부분은 성골 집단에 결코 들어갈 수 없다. 성골이 되는 것은 어떤 방식으로든 권력을 잡은 뒤거나, 혼인 등으로 편입하는 경우다.

바로 이것이 오늘날 민주주의라고 부르는 체제의 권력 집단이 조직폭력배와 너무 흡사한 구조를 가졌다고 하는 이유다. 마피아와 이너서클이 다른 것은 마피아가 노골적인 폭력에 의존하는 것뿐이다.

문제는 이 이너서클이 권력을 전단專斷하고 그 결과 당연히 부패한다는 것이다. 더욱이 그런 부패는 합법적인 형태를 띠고 있어서 외부에 잘 드러나지 않는다. 이너서클이 암묵적暗默的으로 서로를 보호하는 끈끈한 결속력을 가진 것도 부패가 감춰지는 한 이유다.(흔히 정치판에서 '우리가 남이가?' 라는 조직폭력배의 은어隱語가 작동하는 것을 본다. 그러나 이너서클은 그런 은어조차 없을 정도로 철저히 암묵적이다.)

그래서 민주주의가 제대로 기능하기 위해선 이너서클의 해체가 필수적이다.

06

민주주의 국가에서 누가 나라를 다스리는가?

우리는 '우리가 뽑은 우리의 대표'가 통치한다고 믿는다. 과연 그런가? 우리가 뽑은 대표가 지식과 정의감으로 충만한 자여서 자신의 확고한 이념과 철학으로 통치하는 것인가?

좌파들은 자본계급을 비롯한 기득권이 영향력을 행사해 실제 권력의 주인은 그들이라고 주장한다. 모든 권력은 커튼 뒤의 진짜 권력이 창출하고 조종한다는 것이다. 그래서 대중이 통치자를 선출하는 것부터 잘 짜인 각본으로 진행되는 형식적인 절차에 지나지 않는 것이라고 한다.

보수주의자 역시 회의적이긴 마찬가지다. 그러나 좀 더 현실적이다. 예를 들자면 신보수주의자인 어빙 크리스톨Irving Kristol은 좋은 교육을 받은 '지식인과 관료로 이루어진 신계급new class'이 진짜 권력자라고 주장한다. 통치자에게 주어진 권력은 제한된 범위 내의 인사권人事權일 뿐이고, 진짜 권력이라 할 수 있는 정책의 입안과 집행은 관료들이 한다는 것이다.

어떻든 강의실에서 논해지는 것처럼 통치자가 대중을 완전히 대표한다거나 그가 대표로서 통치하는 것이 아닌 건 분명하다. 민주주의는 민주로 포장한 '신독재新獨裁' 그룹이 언제든 배후背後로 작동될 수 있는 구조적 결함을 가진 제도다. 극단적으로 통치자는 허수아비가 될 수도 있다. 그 경우 대표성은 편취騙取된 것이다.

그 어떤 경우에도 독자들이 상상하는 '과학적인' 민주주의는 불가능하다. 헌법학적 민주주의는 강의실에 국한되어 있을 뿐이다. 말하자면 '국민이 대표를 통해서 주권을 행사한다'는 설계 자체가 상상의 산물에 지나지 않는 것이다. 문명이 아무리 발달하고 고등교육이 아무리 보편화되어도 이런 사실은 변함이 없다. 대부분의 '민주시민'들에게는 몽테스키외Charles de Montesquieu의 말마따나 '국가는 국민 사이의 불신을 제거하기 위하여 존재'할 뿐, '누가 권력을 잡을지 처음부터 관심이 없다'는 것이 오히려 정당한 태도일 것이다.

07

오늘날 정치인은 과거처럼 리더십을 갖춘 현인賢人이 아니다.

대개 정치인은 그저 인기인에 불과하다. 이건 매스미디어의 영향 때문이기도 하지만, 대중이 정치적 고민을 하지 않는 결과이기도 하다. 그러다 보니 정치인들은 대중의 인기를 얻기 위해 필사적이 된다. 마치 연예인이 대중에게 어필하기 위해 다양한 홍보전략을 쓰는 것과 같다.

그래서 성공한 정치인들에겐 몇 가지 공통점이 있다.

첫째, 말을 바꾸고 거짓말을 하면서도 절대 양심의 가책을 받지 않는 자기중심적 태도다. 사실 이런 자질은 모든 정치인에게 필수적 요소다. 말을 바꿔야 할 때마다 고통을 받아야 한다면 살아남을 정치인은 아무도 없다.

둘째, 도덕적 문제가 있거나 범죄에 연루되어도 절대 낯빛을 바꾸지 않고 이를 부인하거나, 정치적 탄압으로 포장하거나, 그도 아니라면 그럴듯한 변명으로 모면하려 하는 뻔뻔함이다. 이런 철면

피鐵面皮는 사실 천부적인 것은 아니다. 워낙 비도덕적인 일이 일상적이어서 정치인들부터 언론인들까지 다들 둔감해진 탓이다.

셋째, 자신의 이익을 위해 어떤 비열한 짓도 할 수 있는 도덕적 결함이다. 정치에서는 오늘의 동지가 내일 적이 될 수 있다. 그래서 동지를 배신하는 저열低劣한 짓을 하면서도 선공후사先公後私라는 그럴듯한 자기희생으로 포장하는 것이다. 이것이야말로 정치 지도자가 성공한 비결이다.

이러니 정치판에서는 권모술수權謀術數가 넘친다. 그 대부분은 '더 큰 정의를 위해 불가피했다'는 변명으로 미화된다.

08

명예를 얻기 위해 정치에 뛰어드는 자는 실패한다.

기실 그 명예를 얻겠다는 것도 권력욕에 지나지 않는 경우가 대부분이다. 그리고 정치란 명예와 아무런 상관이 없는 직업이다.

위대한 정치인 가운데 혹독한 평가에 내몰린 이들은 많다. 일흔세 살에 총리가 되어 재임 13년간 '라인 강의 기적'을 이룬 아데나워Konrad Adenauer가 대표적이다. 그를 두고 사가史家들은 자기중심적인 권력형 인간, 동료들을 이용한 뒤 근거 없는 비방과 모략으로 파멸시킨 비열한 인간, 권모술수로 대중을 장악한 노회老獪한 정치인으로 평가한다. 역사의 기록은 이렇게 무섭다.

그런데 아데나워처럼 자기중심적이지 않고, 비방과 모략으로 경쟁자를 파멸시키지 않고, 권모술수로 대중을 속이지 않고 위대한 정치인이 된 경우는 없다. 그래서 정치는 닉슨Richard Nixon같이 명예에 연연하는 유약한 사람이 할 것은 못 된다.

무릇 정치를 하려는 자, 권력을 탐하는 자는 명예를 땅에 묻고 시작해야 한다.

한 사람에 대한 평가는 사가의 눈에 따라 다르다. 시대에 따라 바뀌기도 한다. 『후한서後漢書』를 보면 허소는 조조曹操를 두고 '치세의 간적奸賊이요, 난세의 영웅'이라고 했다. 『삼국지연의三國志演義』를 쓴 나관중羅貫中은 정반대로 '치세의 능신能臣, 난세의 간웅奸雄'이라 한 『이동잡어異同雜語』를 인용했다. 조조의 시대가 분명 난세라면, 허소는 조조를 영웅으로 본 반면, 나관중은 간웅으로 본 것이다. 그런데 이제 조조를 간웅이라 보는 시각은 점점 줄어들고 있다.

그래서 당대의 인물들, 예컨대 이승만이나 박정희, 김대중, 노무현에 대한 평가를 우리는 좀 더 신중히 할 필요가 있다. 역사적 인물에 대한 평가는 자신의 경험이 개입하면 왜곡될 가능성이 매우 높기 때문이다. 우리 사회의 갈등은 이런 잘못된 평가에 기인한 바가 크다.

09

정치인의 첫 번째 덕목은 지식이다.

정치 경제 사회 문화 각 부문의 수많은 어젠다에 대한 충분한 이해가 없는 자에게 정치를 맡기는 것은 어린아이에게 승객이 가득 찬 버스의 운전석을 내어주는 것과 같다. 그런데 그런 공부가 되어 있는 정치인은 정말 드물다.

지식이 없는 정치인이 소신이 있을 리가 없다. 그저 보스에게 충성을 바치거나, 자신이 속한 진영의 대중에게 영합하면 되는 것이다. 당연히 정당의 보스는 공천을 독점하거나 계파별 나눠먹기로 주구走狗와 충복忠僕을 뽑으면서도 그런 사실을 조금도 부끄러워하지 않는다.

그러다 보니 코미디 같은 일들이 태연하게 벌어진다. 청년대표란 자가 국회의원이 되는 것이 그 예다. 청년을 통해서만 새로운 의견을 도출할 수 있다거나 청년의 문제를 해결할 수 있는 게 아닌데도, 청년대표를 의원으로 만든 것은 청년들의 표를 의식한 후안무치厚顔無恥한 행동이다. 더 나아가서 세대별世代別로 대표를 두

자고 하지 않는 것이 다행으로 보일 정도다.(국회의원은 국민의 대표로서 국정을 심의할 경륜을 갖춰야 한다.)

그런데 우리 정당에 이런 희극적인 장면은 너무 많다. 그중에는 명백한 매관매직賣官賣職인 경우도 있다. 그런데도 아무도 이를 문제 삼지 않는 것은 모두가 공범이기 때문이다.

이걸 또 태연히 바라보는 언론들 역시 민주주의의 타락을 방조傍助하는 것이다.

[09-1]

통치자에게 '알량한 지식'이란 없다. 작은 문제에 잘못 대처함으로써 국가가 위험해진다.

그래서 통치자의 첫 번째 조건인 지식은 참으로 중요한 덕목이다. 통치자는 자신이 결정해야 하는 수많은 어젠다에 대한 지식을 가져야 한다. 정답이 결정되어 있지 않은 셀 수 없는 질문들이 통치자를 기다린다.

질문에 대한 답에 함께 책임 져줄 자도 없다. 그리고 질문들 대부분은 통치자의 즉각적인 답을 기다리는 것들이다. 통치자의 결정이 잘못되었거나 결정이 지체됨으로써 피해를 입는 것은 국민이다. 극단적인 경우 나라의 존망이 걸린다.

따라서 무릇 통치자가 되려는 자는 엄청난 공부를 해야 하고, 그 지식을 실제 적용하는 훈련과정을 거쳐야 한다.

흔히 통치자가 모든 걸 알 수 없기 때문에 유능한 참모가 있으면 된다고 한다. 그러나 지식이 부족하여 전적으로 참모에게 의존하는 경우 대단히 위험한 결과를 초래한다. 경제운용에 완전히 무지했던 김영삼 대통령이 IMF사태를 부른 것이 좋은 예다.(그는 경제 참모들의 보고를 이해하지 못했고 그에 따른 정책도 수립하지 못했다.)

그리고 통치자의 지식은 광범위한 인문학적 소양을 바탕으로 해야 한다. 현안을 다룰 때 국가와 국민, 특히 다음 세대를 위한 최선의 선택을 할 수 있기 위해서는 인문학적 소양은 필수적이다.

그렇지 못한 통치자는 자신의 이해利害에서 기인된 편견이 개입된 결정을 하면서도 이것이 최선이라고 믿는 경향이 있다. 우리 문민정부 대통령들이 하나같이 독선獨善에 쉽게 빠져든 이유다.

09-2

다선의원多選議員일수록 지식이 없다.

장담하건대 다선일수록 지식이 쌓이기는커녕 무지無知만 늘어난다. 정치에 입문한 뒤로 지식을 쌓을 기회가 없고, 또 기회가 있어도 그런 노력을 하지 않기 때문이다.

이렇게 된 가장 큰 이유는 아무런 지식이 없어도 국회의원으로, 더 나아가서 중진으로 행세할 수 있어서다. 발언 자료와 법률입안法律立案은 보좌관들이 도맡아 해 준다. 더군다나 공부가 필요할 정도로 치열한 토론이 우리 정치판에는 없다.

사정이 이러니 국회의원 노릇을 하기란 참 쉽다. 상임위에서 정부관료나 기업인을 불러 호통을 치고 망신을 주면 언론의 조명을 받는다. 그럴수록 국민을 위해 애쓰는 의원이 되니 다들 그런 일에 중독된다.

이렇게 인기를 얻어 재선이 되고 3선이 되어 중진 반열에 오르면 정당의 지도부에 들어간다. 머리가 텅 빈 자들이 이 나라의 운명을 결정하는 지위에 오르는 것이다.

이러니 국회가 국가의 미래를 결정하는 원로원 역할을 하는 것은 기대할 수 없는 일이 된다.

무지한 의원이 존재할 수 있는 것은 입법과 예결산 심사에 아무런 지식이 없어도 참여할 수 있기 때문이다. 그렇게 된 데엔 우리 정치판 특유의 '당론정치' 탓이 크다. 당론黨論, party platform은 사실 민주정치에서 있어서는 안 되는 후진적 태도다.

민주정당에서 당의 이념과 직접적으로 연관되는 문제는 당론으로 의사를 통일할 필요가 있지만 그건 아주 예외적인 경우다. 입법은 원칙적으로 각 의원의 정치적 판단에 의한 표결로 해야 한다. 그런데도 우리 정당들은 거의 모든 법안과 예결산에 대해 당의 지도부에서 주도한 당론으로 찬반을 미리 결정한다. 오히려 독자적 판단을 한 의원이 있으면 출당黜黨되기도 한다.

민주정民主政의 의원은 '국민의 정치적 대표'로서 토론과 타협을 통해 대립하는 상호이익을 조정하는 것이 본질적 임무다. 따라서 토론에 참여할 능력이 없다는 것은 의원 자격이 없는 것과 같다. 이러한 토론과 타협 뒤에 각 의원의 독자적인 표결이 없는 의회는 민주정의 의회가 아니다. 크로스보팅cross voting은 민주정의 필수적인 요소다.

[10]

통치자가 언제나 부딪히는 문제는 '정치적 진리는 없다'는 것이다.

논증된 과학적 사실 외에 의심할 수 없는 완전한 진리는 없다. 하물며 정치적 진리는 더 말할 필요가 없이 가변적可變的이다. 모두가 동의하는 정치적 진리는 전체주의全體主義 아래서나 가능한 일이다.

사람들은 항상 뭔가를 불평한다. 대중은 재화의 분배부터 공동체에 대한 의무까지 다 나름대로 원하는 바가 있다. 그게 무엇에 근거한 판단이든, 선하든 아니든, 옳든 그르든, 민주국가에선 누구나 동일한 가치의 주권을 가지고 있는 것이다.

그렇다고 해서 그 평균치가 정치적 진리인 것도 아니다. 가치판단은 평균치를 구할 수도 없지만 그것이 가능하다 해도 그 평균치가 절대선絶對善은 아니기 때문이다.

통치자 역시 마찬가지다. 대통령이 어떤 현안을 다룰 때 판단기준이 무엇이어야 하는가? 그 답은 '공동체에 좋은 것'이다.

그런데 이 말은 참으로 모호하다. 사회과학적인 데이터가 있어도 마찬가지다. 현세대에 좋지만 미래세대에 좋지 않다면, 또 그 반대라면, 공동체에 좋지만 도덕적으로 좋지 않다면, 경제적으로 좋아도 사회적으로 좋지 않다면, 어떤 결정을 내리는 것이 옳은 길인가?

통치자는 늘 고통 속에서 판단한다. 통치자의 모든 결정은 사적私的인 경험과 그런 경험이 바탕이 된 직관直觀이 개입하게 된다. 그래서 통치자에게 필요한 제1의 덕목은 지식이지만 정말 필요한 건 정의감과 결단력이다.

11

권력을 가진 자는 누구나 아첨을 좋아한다.

간신배는 어느 시대나 있기 마련이지만 민주주의 시대는 왕정 시대보다 오히려 간신배가 더 들끓는다.

실록을 읽어보면, 왕정시대에는 신분사회身分社會였던 데다가 모든 신하는 왕을 위해 존재했기 때문에 특별히 아첨할 기회가 생각보다 적었다는 걸 알 수 있다. 더구나 임기와 대중의 평가에 초연한 왕이 비교적 냉정한 귀를 가졌던 것이다.

그러나 민주주의 시대는 아첨으로 신분의 수직적 상승을 할 수 있고, 통치자의 권한이 워낙 커서 아첨할 기회는 왕정시대와 비교할 수 없을 정도로 많다. 게다가 통치자는 늘 대중의 평가에 연연한다.

아첨에는 두 가지 '진실'이 있다.

하나는 절대권력絶對權力일수록 아첨을 절대적으로 사랑한다는 것이다. 아첨에 곧 익숙해지는데다 아첨 받는 것이 자신의 권력을 확인하는 일이 되기 때문이다.

이것이야말로 민주주의의 탈을 쓴 절대권력에 간신배가 들끓는 이유이며, 절대권력이 절대적으로 부패하는 까닭이며, 필연적으로 절대권력이 망하는 소이所以다.

또 하나는 민주주의를 외치고 개혁을 외치는 정치인일수록 아첨에 익숙하다는 것이다. 대개 그런 자들은 제대로 된 개혁을 할 수 있는 자들도 아니다. 그들이 말하는 '세상을 바꾸고 싶다'는 것은 급진적 사고思考로서, 민주적 방법으로는 거의 불가능한 변혁에 기초하기 때문이다. 바꿔 말하면 자신만은 독재를 할 수 있기를 갈구하는 것이다. 곧 독재의 자질을 타고난 자다.

그런 자 역시 아첨하는 짓에 익숙하고 아첨 받는 일에 능란하다.

무능한 통치자일수록 독재의 유혹을 받는다.

독재자들의 이면을 들여다보면 그들이 얼마나 수치스런 거짓으로 둘러싸인 존재인지 알 수 있다. 히틀러Adolf Hitler는 칼라일Thomas Carlyle이 쓴 프리드리히 2세Friedrich II의 전기 『군주는 제1의 머슴』을 읽으면서 스탈린Iosif Stalin처럼 말할 수 없이 누추한 곳에서 살았다. 그는 사회주의를 신봉했지만 그건 부자에 대한 증오에 불과했다. 이 고립된 정신병자가 사랑한 것은 애완견과 지도, 그리고 케이크였다. 그런 자가 문명의 절반을 파괴했다.

[12]

대개 정치인의 오만傲慢함은 무지에서 나온다.

지식이 부족할수록 자신의 판단을 확신하고, 우둔한 자일수록 자신의 앎을 과신하는 법이다. 무지에서 오는 오만傲慢은 그래서 생긴다.

독선獨善도 그런 오만에서 비롯된다. 대부분 자신만이 절대선絶對善이라는 병적인 착각에 빠져 있는 자는 자신이 읽은 몇 권의 책이 곧 진리라는 광신에 젖어 있다. 때로는 그런 광신을 똑같이 무지한 자가 부추긴다.

이런 무지한 자들이 오히려 대중의 기호에 쉽게 영합한다. 그들에게 진정 대중을 이끌 수 있는 예지叡智가 없기도 하지만 그들의 지식 나부랭이가 대부분 대중의 기호를 좇는 천박한 수준이기 때문이다.

또 하나 나쁜 습성은 권력자의 눈에 들기 위해 아부를 일삼는다는 것이다. 그들에게는 보신保身을 위해서라면 공동체의 미래도 다음 세대도 안중에 없다.

그래서 마침내 권력을 잡게 되면 이른바 개혁이라고 하는 무지막지한 '뜯어고치기'가 탄력을 받는다. 무엇인가 바꾸고야 마는 것이야말로 자신의 능력을 발휘하는 것으로 믿는다. 습관처럼 개혁을 외치는 자를 조심해야 하는 이유다.

작가 아나톨 프랑스Anatole France는 '무지는 생존의 필요조건이다'라고 말했다. 사실 지식이 늘수록 무지 또한 늘어나는 것이어서 프랑스의 말은 곱씹을 바 있지만, 내가 거기 한 말을 보태겠다.

'자신의 무지를 모르는 것이야말로 정상배나 아첨꾼의 필요조건이다.'

12-1

무지한 자보다 더 무서운 자는, 진실을 알면서도 감추고 거짓을 태연하게 말하는 자다.

이런 자는 전형적인 간신배奸臣輩로서, 자신의 이익을 위해 대중을 배신하거나 심지어 자신의 보스를 배반하는 걸 조금도 두려워하지 않는다. 이런 간신배의 변명은 대부분 그런 거짓이 '정의를 실천하기 위한 불가피한 선택'이라는 것이다.

일종의 합목적성合目的性을 말하는 셈이다. 우리 정치사를 읽으면 이런 '왜곡'을 수없이 만나게 된다. 유신헌법을 두고 '토착적 민주주의'라며 찬양한 자들이 대표적이다. 권력에 빌붙어 유정회 국회의원이 된 자들은 말할 필요도 없이, 당시 독재체제에 부화뇌동한 모든 자들은 전부 이 부류에 들어간다. 문민정부 들어서서 이런 간신배들은 조금도 망설이지 않고 사익私益을 추구했다. 예컨대 권력을 좇아 당적을 바꾸는 자들과 정권 말기에 정권의 인기가 떨어지자 대통령에게 각을 세우며 난파선에서 먼저 뛰어내린 자들이다.

문제는, 이런 자들은 사실은 정의를 배척하고 부정의不正義를 추구하면서 겉으로는 정의를 내세운다는 것이다. 게다가 부정의를 탄핵하는 선량한 이를 무자비에게 공격한다. 왕조시대에 있을 법한 이런 일들이 문민정부 시대에 비일비재非一非再한 것이야말로 타락한 민주정民主政의 한 특징이다.

셰익스피어William Shakespeare의 『리어왕』에는 진실을 말하는 광대가 등장한다. 오늘날 권력자에게 그런 광대 역할을 할 용기 있는 지식인은 없다.

자신의 알량한 자리를 보전할 요량으로 입을 닫는 자가 간신이 아니면 누가 간신이겠는가?

12-2

무지해서 자신이 대중을 속인다는 걸 모를 수도 있지만 대개 정상배政商輩는 대중을 쉽게 속일 수 있다고 착각한다.

'모든 국민을 잠시 속이거나 일부를 영원히 속일 수 있지만 모든 국민을 영원히 속일 수는 없다.' 링컨Abraham Lincoln의 이 경구警句는 사실 요즘 정치에 어울리지 않는 말이다.

정상배에겐 '모든 국민을 잠시 속이는 것'만으로도 충분하기 때문이다. 그 뒷일은 또 다른 거짓말로 해결한다. 무엇보다도 대중은 자신의 이익이 직접 관련되지 않으면 정치인의 거짓에 참으로 관대한 편이다.

그러나 '대중은 쉽게 속아 넘어간다'는 이 착각이야말로 정상배의 무덤이다. 긴 안목으로 보면 역사는 후퇴하는 법이 없으므로 정상배의 속임수는 언젠가는 밝혀져 지탄받는다.

그러므로 무릇 정치인이라면 대중을 속일 수 있다는 사실에 유혹받아선 안 된다. 대중을 속이는 건 표票를 훔치는 일이지만 엄밀히 말하자면 역사를 배반하는 일인 것이다.

포퓰리즘적인 정책이 국가를 침몰시킨 것은 이미 많은 선례가 있다. 평화만이 살길이라고 기만欺瞞해 안보를 태만히 함으로써 전쟁의 참화를 빚은 예도 무수히 많다.

그래도 정상배의 거짓말은 계속된다.

이념에 무지하고 정책에 무지한 자, 무엇보다도 역사에 무지한 자가 정치판에서 살아남는 유일한 길은 거짓뿐이기 때문이다.

13

민주주의의 성패成敗는 누구를 통치자로 가지느냐에 달려 있다.

불운해서 나쁜 부모를 가졌을 때는 스스로 헤쳐 나갈 수도 있다. 그런데 나쁜 스승을 만나면 평생 잘못된 길을 가게 된다. 나쁜 통치자는 어떤가? 그는 대중 전체의 삶을 송두리째 파괴하고 모든 것을 잃게 한다.

히틀러가 집권하자 루드비히 비트겐슈타인Ludwig Wittgenstein은 탄식했다.

'한 국가의 정부가 깡패들의 손에 넘어간다고 생각해보라. 암흑시대가 다시 닥쳐오고 있다. 나는 사람들이 마녀처럼 산 채로 화형당한다고 해도 놀라지 않을 것이다.'

그의 예언대로 지옥이 펼쳐졌다.

막연히 민주주의라는 제도를 믿지 말라. 독이 든 '금단禁斷의 사과'는 늘 유혹적이다. 잘 익어 너무 빛나는 그 사과는 다디단 과즙으로 넘친다. 그 유혹을 이기지 못하고 사기꾼들이 내민 '금단의 정책'에 대중이 던진 한 표는 고스란히 독이 된다.

우리가 통치자를 잘못 선출하면 그 대가를 다음 세대까지 받게 한다. 그래서 진정 민주주의에 필요한 것은 선한 마음을 가진 훌륭한 지도자가 무대에 등장하는 것이다.

오늘 이 나라를 지켜보면서 비트겐슈타인의 탄식을 패러디한다.

"이 나라 정부와 의회가 지성인으로 위장한 지적 사기꾼들의 손에 넘어간다는 우려가 이제 현실이 되었다. 암흑시대의 문이 열리고 있다. 길거리에 굶주린 걸인들이 몰려다니고 대리석으로 치장한 기업의 현관에 거미줄이 어지럽게 걸려있어도 나는 놀라지 않을 것이다."

14

후진적 정부일수록 권력을 전단專斷하는 자는 따로 있다.

오늘날 통치자가 누리는 권력은 왕조시대의 왕들과 별반 다르지 않다. 굳이 다른 점을 들자면 임기가 정해져 있다는 것뿐이다. 오히려 왕들이 감히 하지 못한 일을 통치자는 합법적으로 한다. 예컨대 분별없이 행해지는 인사人事가 그것이다.

그리고 그 인사권을 무기로 수많은 수하手下들을 복종시키며 원하는 대로 관료들을 부린다. 사실 권력의 실체가 인사권인 걸 감안하면 오늘날 통치자들은 전제專制를 행하던 왕들보다 더 절대적인 권력을 누리는 셈이 된다.

왕들은 두 가지 유형이 있다. '짐이 곧 국가다'라고 한 태양왕 루이14세Louis XIV는 프랑스 절대왕정의 상징이다. '짐은 제1의 공복公僕이다'고 한 프리드리히2세는 왕국 프로이센을 융성시켜 '대왕'의 반열에 올랐다.

오늘날 후진적 민주주의 국가의 통치자들은 대개 루이14세의 오만傲慢을 보인다. 그러나 대부분 왕들처럼 통치자도 결국 이용당하는 존재다. 자신은 절대권력을 휘두르고 있다고 믿고 있지만 사실 그 권력을 조종하는 자는 따로 있는 것이다.

중국 후한말後漢末 영제靈帝 때 권력을 농단壟斷하던 환관 '십상시十常侍' 같은 아첨꾼들이 바로 그들이다.

미국 역사상 가장 무능했던 대통령을 꼽으라면 프랭클린 루스벨트Franklin Roosevelt가 거론된다. 루스벨트는 미국에서 유일한 4선 대통령이지만 철저히 참모들에게 놀아난 대통령으로 밝혀졌다. 루스벨트는 공화당으로부터 비열한 공산주의자로 공격받았을 정도로 공산주의에 관대했다. 정확히는 공산주의에 무지했다. 그러다 보니 백악관에도 공산주의와 친한 '십상시'들이 설쳐댔다. 뉴딜정책을 작명한 스튜어트 체이스Stuart Chase는 '왜 러시아 국민들만 세계를 다시 건설하는 즐거움을 누리는가?' 라고 공공연히 외쳐댔다. 뉴딜정책을 책임졌던 렉스퍼드 터그웰Rexford Tugwell 컬럼비아대 교수는 스탈린의 통제경제를 도입하자고 주장했다. 백악관 외교특보와 상무장관을 지낸 최측근 해리 홉킨스Harry Hopkins는 나중에 스탈린의 간첩으로 밝혀졌다.

14-1

무릇 통치자는 도덕적이어야 한다.

우리는 무엇 때문에 민주주의를 찬양하는가? 우리가 뽑은 통치자가 내리는 결정은, 그 선악은 제쳐두고라도 적어도 공적公的 이익을 판단기준으로 할 것이라는 믿음 때문이다. 그러니까 통치자의 도덕성이 민주주의를 지지하는 조건인 것이다.

통치자가 부패한 정부는 정부라기보다 협회協會에 가깝다. 더군다나 그 협회는 마피아와는 다르게 폭력을 합법적으로 독점하는 협회다. 협회는 그 성질상 철저히 사적私的 이익에 따라 움직인다.

문제는 이런 정부에서의 정책 결정과정이 외관外觀적으로는 적정절차適正節次, due process를 준수한 것으로서 민주주의에 부합한다는 데 있다.(적정절차는 헌법과 법률이 정한 공정한 절차를 의미한다.) 대부분의 결정은 통치자의 독단으로 이루어지지만 민주적 외관 때문에 그 선한 의도를 의심받지 않는 것이다.

이런 연유로 통치자의 부도덕이 부패한 정부를 만들고 국가의 타락으로 이어지는 것이 방치된다. 이를 비판할 위치에 있는 언론과 식자識者들 역시 부패의 고리에 크든 작든 연루되어 있다. 누구나 도덕적 잣대는 알지만 그 잣대가 그들을 도덕적인 곳으로 데려가진 않는다.

아리스토텔레스Aristoteles는 '도덕이란 마땅히 화내야 할 것에 화내는 것'이라고 했다. 자신의 이익을 위해 불의에 눈감고, 화를 내기는커녕 이를 옹호하는 자는 도덕은 물론 인성마저 버린 자다.

우리가 부정의에 침묵하기 시작하는 순간 부정의와 한편이 된다.

14-2

정치에서 도덕이란 무엇인가?

수많은 이익이 충돌하는 현장인 정치판에서 '도덕'을 정의하기란 매우 어려운 일이다. 굳이 정의하자면 정치에 있어서 도덕이란 정직하다는 것과 투명하다는 것을 의미한다.

과연 그런 도덕이 정치판에 존재할 수가 있기나 한 것일까? 사실 정치판에서는 그런 정의를 내릴 필요는 거의 없다. 정치의 속성이 거짓과 은폐이기 때문이다. 자신의 운명을 단두대에 올려놓고 진실을 만천하에 드러낸다는 것은 정치인으로서는 거의 불가능에 가까운 일이다.

그래서 민주주의가 성숙한 나라에서는 많은 절차가 '시스템화' 되어 있다. 독단을 배제하기 위한 청문회와 표결절차가 반복된다.(예컨대 대통령이 하나의 법안을 통과시키기 위해서는 국무회의와 국회 상임위원회, 본회의 등 표결절차는 물론 공청회 등 여론수렴과정을 거쳐야 한다.) 법안이 공포된 뒤에도 언제든 위헌심사를 비롯한 사법심사司法審査가 가능한 것도 독단을 배제하는 한 요소다.

그러나 그것이 무슨 소용인가? 악의적인 통치자가 자신의 뜻을 관철하겠다고 마음먹으면 그런 시스템은 무용지물無用之物이다. 통치자는 언제든 그런 표결을 '합법적으로' 통과한다.

리처드 닉슨 대통령은 워터게이트 사건 때 '대통령이 했다면 그것은 불법이 아니란 걸 의미한다'고 말했다. 워터게이트는 감췄지만 진실을 솔직하게 털어놓았던 순진무구純眞無垢한 그는 쫓겨났다. 닉슨의 기준과는 다른 도덕성의 기준이 미국의 시스템을 살린 경우다.

미국 정치사에 기록된 이 기준으로 보면 우리 정치사에 살아남을 통치자는 한 명도 없다.

15

대중은 '혁신革新'을 외치는 리더를 선호한다.

정치에서 혁신을 외치는 것은 곧 낡은 틀을 벗고 새 시대를 열겠다는 것이다. 뼈를 깎는 반성이니 환골탈태換骨奪胎니 하는 말이 자주 들리는 것도 대중이 늘 혁신에 목말라하기 때문이다.

그래서 혁신이니 개혁이니 하는 말들을 내세우는 것이야말로 선거판에서 필수적으로 등장하는 메뉴가 된다. 사실 어느 선거든 변화를 약속하는 자가 이길 가능성이 매우 높다.

그러나 장담하건대 대개 혁신을 외치는 자들은 가짜다.

체제변화 같은 혁명적인 파괴가 선행되지 않는 한, 단순한 정책 전환은 물론 더 나아가 패러다임paradigm의 전환도 대부분 혁신에는 이르지 못한다. 다만 리더가 급진주의자radicalist이고 그 변화의 방향이 정의로울 때에만 우리는 혁신이라고 할 수 있을 뿐이다.

혁신을 외치는 자를 쉽게 믿지 말라. 혁신을 말할 정도로, 지식을 가진 자로서 정의감에 사로잡혀 세상을 뿌리부터 바꿔보겠다는 급진주의자는 그리 흔치 않다.

16

약점이 많은 지도자가 비전을 보여준다.

대개 정치인은 약점을 잘 드러내지 않는다. 정치적 경쟁자와 정책에 뚜렷한 차이가 없는 것도 약점이 보이지 않는 한 이유다. 바꿔 말하면 약점이 뚜렷한 정치인일수록 차별성이 있는 것이다.(정치인은 예외 없이 자신에게 냉철冷徹하지 못하다. 그래서 자신의 약점을 볼 능력이 없다.)

사실 그 '차별성이 없는 것'이 정치인을 왜소하게 만든다. 마찬가지로 대중의 시각에서는 정치인들이 다 그만그만해 보여서, '누가 권력을 잡아도 마찬가지'라는 냉소冷笑를 부추기게 한다.

그래서 공동체를 이끌고 대중의 힘을 한 곳으로 모을 정치인은 자기만의 정책, 자기만의 색깔을 가져야 한다. 무엇보다도 대중에게 고통과 인내, 헌신을 요구할 담대함은 그런 자신감에서 나온다.

좋은 정책은 결코 사탕같이 잠시 달콤한 정책이 아니다. 처칠Winston Churchill이, 아데나워가, 대처Margaret Thatcher가 그랬다. 그들은 다 약점투성이인 정치인이었고 자기만의 색깔을 가진 담대한 정치인이었다.

그런 위대한 정치인의 정책이야말로 대중에게 비전을 보여준다. 그 정책은 대부분 대중에게 고통을 요구하는 것으로서 자기희생도 필연적으로 따른다. 그런 희생정신으로 무장한 정치인은 정말 드물다.

오늘보다는 내일, 우리보다는 우리의 후손을 위한 정책을 제시하는 정치인이 보이지 않는 이유다.

[17]

절제節制를 모르는 통치자만큼 위험한 통치자는 없다.

정치적 리더에게 필요한 품성으로, 나는 지식과 용기, 정직, 정의감, 그리고 용인술을 든 적이 있다.

그런데 진작 오늘날 통치자에게 필요한 것은 절제다. 내가 절제를 앞에서 말하지 않는 것은, 절제야말로 정치가 아니라도 공직에 나가기 위해서는 당연히 요구되는 것이기 때문이다.

절제는 분수分數를 지키는 일이다. 정도程度를 넘지 않도록 자신을 지키는 힘이다. 그런 힘은 겸허함으로 나타난다. '역사 앞에 스스로 겸허한 것'이 곧 절제인 것이다.

그런데 요즘 정치인에게는 그런 절제가 좀처럼 보이지 않는다. 솔직히 말해 대부분 정치인은 자신의 욕망조차 제어할 능력이 없다. 그러니 공동체를 위한 헌신보다는 자신의 이익에 눈이 멀어 있다.

절제는 플라톤Platon 이래 금과옥조金科玉條였던 4덕목德目의 중의 하나로서 그 상위개념은 선善이다. 절제하지 못하는 통치자는 결코 선한 통치자가 될 수 없는 것이다.

군사정권은 그렇다 쳐도 문민정부 들어서 통치자들이 하나같이 스스로 절제하지 못한 것이야말로 우리 정치의 처참함이다. 이런 통치자 때문에 국민이 고통을 받는다는 건 되풀이되어서 안 될 악몽이다.

좋은 대통령, 선한 통치자를 가지기는 정말 어렵다.

민주적 기본질서 중의 하나인 권력분립은 권력기관 상호간에 '견제와 균형checks and balances'으로써 권력의 남용을 막기 위한 것이다. 프랑스혁명 당시 인권선언 제16조에서 '권리보장이 확보되지 않고 권력분립이 규정되어 있지 않은 모든 사회는 헌법을 가지고 있지 아니하다'고 명시한 것도 권력남용을 막는 것이 민주주의에서 필수적이기 때문이다.

그런데 오늘날 민주주의가 성숙한 나라에서도 종종 통치자의 권력남용이 문제된다. 그것은 위헌, 위법적 형태보다는 의원과 관료에 대한 통제를 통한 합법적인 형태를 띠고 있다. 우리 역시 공천권과 인사권을 무기로 통치자들이 합법적 형태의 전단專斷을 하였다. 엄격히 말하자면 아직 우리는 완전한 민주주의를 경험한 사실이 없다고 해야 한다.

17-1

왜 통치자는 선善해야 하는가?

선하다는 것은 단순히 언행이 바르고 옳은 것을 넘어 사람이나 사물, 사건을 긍정적으로 보는 태도를 일컫는다. 무엇보다도 생명을 존중하고 사랑하는 인성人性과, 남을 해치지 않고 속이지 않으며 악을 미워하는 품성이 선의 바탕이다.

그런데 정치판은 그런 도덕이 넘쳐나는 곳이 아니다.

정치판은 사납기가 짝이 없는 자들이 가장 점잖아 보이는 사람들의 모습을 하고서 흔히 정략政略이라고 불리는 권모와 술수로써 다투는 곳이다. 배신과 배반은 적어도 정치판에서는 배덕背德이 아닌 것이다.

그러므로 정치판에서 현인을 구하고 선한 통치자를 구한다는 것은 대단히 지난至難한 일이다. 설령 선한 통치자가 등장한다 해도 국가를 위해서는 결코 선한 결정을 해서는 안 되는 경우도 많다.

그런데도 우리가 선한 통치자를 찾는 건, 선한 통치자는 그가 어떤 결정을 하더라도 항상 공익을 앞세우기 때문이다.

[18]

용인술은 단순히 사람을 부리는 능력을 말하는 것이 아니다.

첫째, 사람을 적재적소適材適所에 쓰는 능력이다. 그래서 무엇보다도 사람을 볼 줄 아는 안목이 필요하다. 둘째 부하들을 잘 통솔하는 능력이다. 부하들의 충성을 끌어내려면 감히 범접犯接 못하는 위엄이 있어야 한다. 그런 위엄은 높은 도덕성에서 나온다.

우리 역사상 가장 용인술에 능한 통치자는 박정희였다. 인재발탁도 과감했던 데다 장관과 청와대 참모들에게는 일할 시간이 충분히 주어졌다. 무엇보다도 대통령이 참모들을 신임한 까닭에 장관의 말 한 마디에도 무게가 실렸으며, 정부의 정책추진에 탄력이 붙었다.(그런 박정희는 말년에 용인술에 실패한다. 김재규 중앙정보부장과 차지철 경호실장이라는 두 이질적인 존재를 권력의 양 축으로 삼은 것이 결정적이었다. 그는 결국 김재규에게 살해됐다.)

그러나 문민정부 통치자들은 용인술이 부족했다. 장관들은 대부분 언제 목이 달아날지 모르는 허수아비였으며 어떤 권한도 주어지지 않았다. 당연히 통치자의 만기친람萬機親覽이 계속됐다. 더 큰 문제는 대통령들에게 그럴 만한 '정책에 대한 이해'가 없었다는 점이다.

문민정부가 실패를 거듭한 것은 통치자에게 용인술이 없었던 이유가 크다.

제갈량諸葛亮은 지식이나 지혜로는 유비劉備보다 월등했다. 그런데 용인술은 유비보다 못했다. 마속馬謖을 제갈량이 총애하자, 마속이 말을 앞세우는 걸 안 유비는 그를 중용하지 말 것을 제갈량에게 당부한다. 이 말을 듣지 않은 제갈량은 끝내 '읍참마속泣斬馬謖'을 하게 되지만 따지고 보면 마속을 기용한 제갈량도 책임을 면할 수는 없는 것이다. 결국 마속이 목을 잃은 것은 제갈량의 안목 때문이지, 사마의司馬懿에 패한 그의 잘못된 전략 때문은 아니었다. 그런데 '읍참마속'이 역사에 기록된 것은, 제갈량의 용인술로 기록된 것이다.

18-1

적어도 한 나라를 경영하겠다는 지도자라면 그에 걸맞은 안목眼目을 갖춰야 한다.

그런 안목에는 '사건의 진실을 보는 눈'은 물론, '내일을 내다보는 혜안慧眼', 그리고 '사람을 보는 눈'인 용인술이 포함된다.

오늘날 정부는 시스템에 의해 움직이는 조직이다. 민주주의가 성숙할수록 시스템화는 가속화된다. 용인술이란 바로 그 조직을 실제 움직일 사람을 찾아 적재適材를 적소適所에 앉히는 일이다.

그래서 우리도 대통령후보로 선출된 자가 섀도캐비닛shadow cabinet을 준비할 필요가 있다. 더욱이 우리 헌법은 의원내각제를 가미해 국회의 인준을 거치는 총리제를 두고 있고, 총리는 국무위원 임명제청권을 가진다.(대통령은 당선 뒤에 총리를 지명하고 자신이 선택한 국무위원들의 임명을 총리가 형식적으로 제청하게 한다. 이는 명백한 위헌이다. 그리고 '제왕적 대통령'의 한 원인이 된다.)

섀도캐비닛은 유권자에 대한 서비스로써 선거에서 선택을 돕는 일이며, 차기 정부 정책의 예측가능성을 높이는 일이다. 그리고 새 정부조직의 핵심인 내각이 정당성을 가지는 근거가 될 것이다.

섀도캐비닛이 필요한 또 하나의 이유는 당내黨內 민주주의가 살아난다는 것이다. 당 내 민주주의를 통해 투명해진 정당이 결정한 정책은 정당성을 가진다. 무지한 자들의 자의적인 정치가 사라지는 것이다.

19

우리 정치판의 특징이 있다면 밀실에서 정치가 이루어진다는 것이다.

왜 밀실에서 중요한 결정들이 내려지는가? 왜 커튼 뒤에서 국가의 방향이 결정되는가? 도대체 왜 정치가 은밀해야 하는가?

정의로운 자는 밀실에서 정치를 하지 않는다. 폭력으로 권력을 농단壟斷하는 부정의한 세력에 저항하는 경우와 국가위기시가 아니라면 정의에 입각한 이가 그 실천을 위해 음모를 꾸밀 일은 없다. 정의는 본래 음모와 가까운 것이 아니다. 정의는 불변이므로 구태여 그럴 필요가 없는 것이다.

정치는 투명해야 하는 것이다. 정치에 있어서 정직함이란 곧 투명성을 말한다. 공개리에 토론하고 결론을 도출하는 것이다. 그렇지 않다는 것은 무엇인가 떳떳하지 못하거나 켕기는 것이 있기 때문이다.

그렇지 않은 '밀실의 정치'는 부정의不正義의 정치요 독선獨善의 정치다.

우리 정치사에 중요한 결정은 대부분 밀실에서 이루어졌다. 수도이전이 위헌결정을 받자 여야가 밀실에서 수도분할을 결정한 것이 대표적 예다.

정의의 반대편에 선 자는 음모를 꾸미고, 그 음모를 실천할 결사結社를 조직한다. 그런 결사체에 가담한 자들은 스스로 세뇌되어 부정의를 정의로 믿게 된다. 부정의를 위한 논리가 만들어지고 그걸 천명하는 과정에서 그들 서로가 그 논리에 확신을 주면서 벌어지는 현상이다.

그런 결과 조금도 망설이지 않고 정의를 공격하는 일에 나서게 된다. 그들이 반성할 때는 대중에게 진실이 알려져 경원당할 때 외엔 없다.

20

정치인의 눈물은 거짓이다.

'악어의 눈물crocodile tears'이 아니면 직업적으로 흘리는 습관적인 눈물이다. 대개 정치인이 말하는 고통은 거짓이거나 자기도취다. 그래서 더 쉽게 운다. 눈물은 대중을 선동하는 가장 효과적인 수단이기 때문이다.('악어의 눈물'은 위선의 눈물이다. 실제 악어는 먹이를 먹을 때 눈물샘의 신경작용으로 눈물을 흘린다. '악어의 눈물'은 위정자의 눈물, 강자의 눈물을 말하는 것으로 통용된다.)

정치인이 자신이 경험해 보지 못한 고통을 직나라하게 호소하는 재주는 범인汎人의 상상을 뛰어넘는다. 사실 사회적인 일로 개인적인 고통보다 더한 고통을 느낀다는 건 거짓일 가능성이 매우 높다. 그렇지 않다면 정치인은 고통 때문에 살아있을 수 없게 된다.

장담하건대 그 어떤 사건에 대한 고통과 분노, 슬픔도 개인적인 그것보다 더할 수 없다. 극단적으로 말하자면 개인의 문제, 그중에서도 생명과 같은 절박한 문제는 '지구보다도' 무겁다. 인간이 아무리 이타적인 성품을 지녔더라도 타인의 아픔을 자신의 아픔처럼 느끼기란 정말 어려운 일이다.

그런데도 정치인의 말과 글에서 가장 많이 발견하는 오류誤謬는 자신은 욕망에 지극히 초연하고 대중의 고통은 늘 함께한다는 태도다. 그런 자일수록 자신의 작은 선행을 대단히 과장하면서 그 뒤편으로 자신이 베푼 것보다 열 배의 이익을 훔친다.

일찍이 단테Dante Alighieri가 『신곡』에서 경고한 것이 바로 이 '감춰진 죄악'이다. 단테는 심지어 연옥煉獄에 빠진 교황까지 묘사했다.

정치인은 늘 앞에서 눈물을 훔치고 돌아서서 웃는다.

21

선거에서 돈으로 표를 사는 매표행위買票行爲는 민주주의를 타락시키는 중대 범죄다.

그러나 모든 선거는 공정선거의 탈을 쓴 매표행위가 개입한다. 유권자에게 돈을 주거나 향응을 제공하는 것만이 매표행위가 아니다. 어떤 식으로든 유권자에게 이익을 주거나 이익이 예정되어 있다면 다 매표행위다.

그렇다면 '누가 매표행위에 더 많이 나섰느냐' 하는 질문도 머쓱해진다. 선거비용을 많이 쓴 후보가 그 답이기 때문이다. 장담하건대 대중에게, 더 나아가서 특정지역 특정계층의 유권자에게 '이익을 약속'하지 않는 후보자는 없다. 그래서 비용이 많이 든 선거일수록 매표성향은 높아지고 대중이 치르는 비용도 커진다.(광고가 많은 상품이 비싼 것과 같은 이치다.)

더 나아가서 정책으로 표를 사는 것 또한 똑같은 매표행위다. 사실 돈으로 표를 사는 것보다 더 부도덕한 행위다.

돈을 준 경우는 당선자가 표를 준 유권자에게 기속羈束되지 않으므로 단지 선거결과를 왜곡시킬 뿐이다. 그러나 정책을 대가로 내건 매표행위는 당선자가 그 정책에 기속되어 국가쇠퇴로 가는 길이 열리게 된다.(대표적인 예를 들자면 2012년 대통령 선거에서 박근혜 후보가 '65세 이상 노인들에게 매달 20만 원씩 드리겠다'고 한 기초노령연금 공약은 대표적인 포퓰리즘 공약으로서 자칫 매표행위에 속할 수 있는 공약이다.)

문제는, 대중은 표의 대가로 돈을 받는 건 위법한 줄 알고 멀리하지만, '뭘 해 준다'는 달콤한 말에는 환호한다는 사실이다. 그리고 그런 공약에 곧잘 넘어간다. 그래서 돈으로 표를 산 경우는 당사자의 패가망신으로 끝나지만 정책으로 표를 산 경우는 '국가의 후퇴'로 나아가거나 심한 경우 망국亡國으로 치닫는다.(후안 페론Juan Perón은 1945년 아르헨티나 국민들에게 '필요한 모든 것을 즉시 가지게 될 것'을 약속했다. 10년 만에 아르헨티나는 완벽하게 타락했고 페론은 파라과이 군함을 타고 도주했다.)

그런데 더 큰 문제는 그런 포퓰리즘 정책에는 아무런 원칙도, 도덕적 기준도, 양심의 가책도 없다는 사실이다.

22

민주주의의 매력은 대중의 선택이 늘 옳지만은 않다는 데 있다. 오히려 대중의 선택은 늘 틀렸다. 민주주의는 시행착오의 연속이다.

루소는 세습군주제를 두고 '어린애와 괴물, 바보, 천치들을 국가수반으로 앉히는 멍청한 제도'라고 했다. 볼프 슈나이더Wolf Schneider(독일 언론인)는 우연한 출생 덕에 왕이 된 자들 중에 위인으로 남은 이는 스물에 하나라고 썼다.

그러나 우리가 선거로 뽑은 통치자 중에 역사에 등장하는 세습군주보다 더 나았다고 확신할 수 있는 자가 몇인가? 정직하게 말하자면 왕정시대의 왕에 비해 공화정의 수반首班이 위인으로 남은 비율은 지극히 낮다. 그건 민주주의가 비효율적인 제도인 탓이 크지만, 우리가 뽑은 통치자들이 그리 현명하지도 정직하지도 않았기 때문이다.

그렇다면 도대체 민주주의의 미덕은 무엇인가? 우리가 주권을 가졌다는 사실만으로 민주주의는 왕정이나 전체주의보다 우월한 것인가? 통치자의 요건을 엄격히 할 필요가 여기에 있다.

그런데 우리가 창안한 민주주의는 권력의 남용을 막는 데에 초점을 맞춘 까닭에 훌륭한 통치자를 뽑는 일은 운에 맡겨 놓고 있다. 실제 어느 나라든 나쁜 통치자로 인해 대중은 고통을 받았다. 무능하거나 사악한 자도 통치자가 될 수 있도록 한 통치구조야말로 민주주의의 가장 큰 단점이자 맹점盲點이다.

한 나라의 성패成敗가 운에 맡겨져 있다는 사실은 너무 비극적이다.

22-1

권력에 대한 순수한 의지를 가진 정치인은 없다.

물욕과 명예욕으로 가득한 자가 국가의 지도자로 추앙받으며 우리를 통치한다는 것은 상상만으로도 소름끼치는 일이다. 더 섬뜩한 것은 그런 일이 실제 일어나는데도 우리가 전혀 알 수 없다는 사실이다.

그건 정치의 타락을 지적하는 용감한 이가 없는 때문이기도 하지만, 많은 경우는 '이너서클inner circle' 안에 있는 적수敵手간에 암묵적인 양해가 있기 때문이다. 쉽게 말해 권력을 주고받는 위치에 있는 자들이 상호 비리를 묵인하는 보험에 드는 것이다 (이런 부패구조는 언제나 최고권력이 만들었다. 평생 땅 한 평 갈아보지 않고 장사 한 번 한 적이 없는 전직 최고권력자의 자식들이 엄청난 재산을 가진 것을 무엇으로 설명할 것인가?)

적어도 왕정시대에는 이런 타락은 없었다. 권력의 비리도 극히 제한적이었고 그 자체가 불충不忠이어서 엄벌이 뒤따랐다. 신분에 의해 차별받는 계급사회라는 근원적인 문제점을 논외로 한다면 왕정시대 정치인의 권력의지가 지금 정치인보다 훨씬 더 순수했다는 것을 누가 감히 부인할 것인가?

그런데도 민주주의는 반성을 모르는 제도이다. 그건 우리 모두가 민주주의를 향유하고 있다는 착각에 기인한다.

'권력의지'는 니체Friedrich Wilhelm Nietzsche 철학의 개념이다. 그의 사후 발간된 『권력에의 의지*Der Wille zur Macht*』에서 유래한 것으로 '생에의 의지'를 이루는 핵심이다. 이 장에서 쓴 '권력에 대한 의지'는 이와 달리 '권력을 추구하는 의지'를 의미하는 것으로서, 오해를 피하기 위해 본문에 원어표기를 삼갔다.

최고권력의 부패는 국민들로 하여금 정치를 불신하게 하는 첫 번째 요인이다. 우리 문민정부들은 하나같이 최고권력이 부패했고 이를 제대로 단죄하지 못했다. 더욱이 드러난 부패는 '빙산의 일각'이다. 역대 정부들은 전 정권의 부패를 수사했지만 대부분 시늉에 그쳤다. 노무현 대통령의 경우는 대통령의 자살로 수사가 중단되기도 했다. 이런 일이 벌어지는 것은 이너서클의 암묵적인 양해가 있기 때문이다.

23

민주주의 선진국과 달리 민주주의 후진국에서는 직업정치인의 자질이 문제된다.

사실 민주주의에서 정치를 직업으로 한다는 것 자체가 온당치 않은 일이다.(원래 대표성을 가진 선출직은 명예직인 것이 원칙이었다.) 남을 통치하는 일이 직업이라는 것은 정치의 관료화이자 곧 권력의 사유화私有化를 의미하기 때문이다.

그렇다고 해서 직업정치인의 등장을 원천적으로 봉쇄할 수는 없다. 또 처음부터 정치를 생계수단으로 삼지 않았다 하더라도 정치를 오래 하면 정치가 직업화하는 것은 당연한 것이다. 더욱이 생계와 전혀 무관할 것을 요구할 수도 없다. 충분한 재산을 가진 자만이 정치를 할 수는 없기 때문이다.

그러나 어떤 경우에도 정치인으로서 기본적인 덕목은 갖춰야 한다. 이념은커녕 정책에 대한 아무런 이해理解 없이, 권력을 잡아 그걸 휘두르고 싶은 건달들이 직업정치인의 대부분이라는 사실은 그래서 비극적이다.

그중에는 대학 때부터 이념투쟁에 나선 자들이 있는데 대부분 이념에 투철해서라기보다 기존질서에 대한 반항으로 '운동권'이 된 경우다. 이 '문맹文盲'들은 젊은 시절 얻은 편견에 평생을 사로잡혀 있다, 자신도 실체를 모르는 진영의 논리에서 한 발도 벗어나지 못하는 '맹목盲目'인 것이다.

그래도 그들은 부모의 재력이나 가문의 후광으로 정치에 뛰어든 오렌지족보다는 낫다. 겉멋으로 정치를 하는 것만은 아니기 때문이다.

사실 둘 다 절대 정치를 해서는 안 될 부류部類다. 권력이 언제든 흉기로 작용할 가능성이 매우 높은 까닭이다.

23-1

한국의 직업정치인은 두 부류의 이단異端이 섞여 있다.

그 하나는 마르크스Karl Marx는 물론 모택동毛澤東, 사르트르Jean paul Sartre, 마르쿠제Herbert Marcuse, 그람시Antonio Gramsci 등에 경도傾倒되어 좌파가 된 경우로서, 자유주의를 전혀 이해하지 못하는 후진적 좌파다. 이 부류에는 김일성 일가를 숭배하는 이른바 주사파도 있다.

이들은 주로 대학 때 '학습'을 통해 습득한 낡은 집단주의 사고思考가 파놓은 이념의 함정陷穽에 빠져 있다. 문제는 좌파 내에서 이들이 사회민주주의자나 '리버럴contemporary liberalist, 자유주의 좌파'보다 더 큰 목소리를 낸다는 것이다.

또 하나의 부류는 자유주의에 대한 이해가 전혀 없는 기득권세력이 보수주의자나 자유주의자 행세를 하는 것이다. 부모의 재력으로 자본주의의 수혜를 입고 성장한, 이른바 '오렌지'라고 불리는 자들도 여기에 속한다.

이들은 빈부격차의 본질조차 모르면서 빈자貧者에 동정적이어서 '무조건적인 좌클릭'만이 쇄신이고 정의며 도덕적이라고 하는 문맹文盲이다.(오렌지족은 주로 1990년대에 도피성 유학으로 겉멋만 잔뜩 든 권문세가 출신 미국 유학생들을 가리키는 말이다.) 우파 역시 보수주의자들보다 이들이 더 큰 목소리를 낸다.

그런데 놀라운 것은 한국 정치판에서 이런 이단들이 성공을 거두고 있다는 사실이다.

가짜 보수주의자 혹은 가짜 자유주의자들은 대부분 기득권 출신이라는 도덕적 자격지심自激之心에 좌경화에 나선다. 그러니까 빈자에 대한 이해 끝에 빈곤을 치유하기 위한 행동에 나선 게 아닌 것이다. 그들이 주장하는 정책이 대부분 좌파의 집단주의적 태도와 일치하는 것이 그 단적인 증거다. 말하자면 겉으로는 범보수 진영에 몸담고 있으면서 정치적 공격을 피하기 위해 잘 알지도 못하는 좌파 정책에 경도된 것이다.

23-2

직업으로서 하는 정치는 대개 가짜다. 그런데 직업정치인이 아닌 경우에도 가짜가 많다.

직업정치인들로 인해 벌어지는 정치의 관료화官僚化는 '스스로를 통치한다'는 뜻의 이념인 민주주의의 생리와도 맞지 않는다. 무엇보다 생계수단으로 하는 정치나 출세의 방편으로 하는 정치는, 곧 정치가 타락하는 지름길이다. 언제나 공익보다 사익私益이 우선하기가 쉽기 때문이다. 직업정치인이 정책판단을 하는 데 공동체의 미래보다 자신의 미래를 늘 우선순위에 두는 것이야말로 민주주의의 비극이다.

그런데 직업정치인이 아닌 자도 타락하긴 마찬가지다. 지나치게 권력에 아첨함으로써 대중을 구렁텅이로 인도할 가능성이 너무 높은 것이다.

권력으로 가는 길을 기웃거리는 자들은 주로 대학교수 언론인 법률가들이다. 거의 다 사이비似而非들로서 가진 능력에 비해 자신을 아주 높게 평가한다는 공통점이 있다. 그래서 줄이 닿은 권력자가 합당하다고 생각하는 대우를 하지 않으면 언제든 배신할 준비가 되어 있다.

대개 이 사이비는 자신의 가치를 높이기 위해 여기저기 나서는데 진짜보다 그럴듯한 모습을 한다. 전문분야가 아닌데도 온갖 곡학曲學을 마다하지 않으면서 권력에 아첨하기 바쁘다.

이런 사이비들이 가슴에 품은 '진짜'에 대한 증오는 참으로 무섭다.

한 국가가 결정적인 후퇴를 할 때는 이런 비극적인 일을 언론이 비판은커녕 먼저 조명할 때다.

23-3

직업정치인은 대개 대중에 영합하는 자다.

오늘날, 플라톤이 말한 '지배 엘리트'의 현명한 통치를 희망할 수는 없다. 그러나 한편 우리가 '민의民意'라고 주장하는 대중의 뜻에 절대적으로 의존할 때 민주주의는 인기영합적으로 흐를 수밖에 없어 필연적으로 중우정치衆愚政治로 이행한다.

이것이야말로 대중민주주의大衆民主主義, mass democracy의 숙명 같은 폐단이다.(대중민주주의는 현대 민주주의의 한 특징으로서 '보통선거'를 바탕으로 대중이 정치의 주체가 된 태양態樣을 말한다.)

직업정치인은 대중에 영합하지만, 그 영합에 앞서 대중을 이용할 목적으로 대중조작大衆操作, mass manipulation이 벌어진다. 그들이 선거 결과를 두고 '민의가 표출되었다'고 주장하는 것은, 역설적으로 그들이 대중을 뜻대로 조작操作했다는 것을 자백한 말에 지나지 않는다.

사실 대부분의 직업정치인이 정치에 입문하는 것은 정치적 보스로부터 정치를 배우면서다. 그들이 민주주의의 덕목보다 대중을 조종하고 정적을 이기는 권모權謀와 술수術數를 먼저 체화體化하게 되는 이유다. 민주주의를 그런 '정략政略의 경연競演'으로 이해하게 되면서 직업정치인들은 정직함을 비롯한 덕목을 잃기 시작한다.

직업정치인들의 이런 행태를 우리가 민주주의로 오해하는 한, 권력자는 지배자요, 대중은 피지배자로 남는다.

24

위대한 정치인은 대중을 의식하지 않는다.

정치인으로서 대중에게 고통을 감수할 것을 요구할 수 있는 배짱을 가진 자는 참으로 드물다. 그건 정치인으로서 최종 목적지에 이른 대통령도 마찬가지다.

사실 임기가 정해진 대통령은 역사의 평가에만 신경 쓰면 되지 그 밖에 자신을 걱정할 일이 없다. 대중의 눈치를 볼 필요도 없고, 따라서 지지도에 연연하느라 국가의 미래를 해칠 이유도 없다. 그런데도 역대 대통령들은 하나같이 그렇지 못했다.

좋은 정책은 때로 대중에게 고통을 줄 수밖에 없는 경우가 있다. 그런데 대개 통치자는 대중에게 고통감수를 요구하지 못한다. 그건 결코 통치자가 대중을 염려해서가 아니라, 그런 정책이 과연 좋은 정책인지 확신에 이르게 하는 자질이 없기 때문이다. 자신감이 결여된 것이다.

그렇다면 무엇이 통치자로 하여금 대중의 반응을 고려하지 않고 옳은 결단을 내리게 하는 것일까? 우선 대중이 감수해야 할 고통이 더 나은 미래를 보장한다거나 혹은 생존을 위해 필수적이라는 확신을 가지려면 지식과 경험 외에도 미래를 내다보는 혜안慧眼이 필요하다. 거기에다 비난을 두려워하지 않는 용기까지 갖춰야 한다. 이 얼마나 어려운 일인가?

역사상 그런 배짱을 가진 인물은 하나같이 당대에는 비난을 받았다. 정치인은 그래서 당대의 비난을 감수해야 하는 숙명을 이겨낼 수 있어야 한다.

25

통치자의 독단이 국가의 결정, 국민의 결정으로 의제擬制되는 것이야말로 민주주의의 결함이다.

대의정치는 인류가 찾아낸 최선의 민주주의 정치원리이자 직접민주주의가 불가능하기 때문에 창안한 차선次善의 제도이다. '최선'이라는 말은 직접민주주의가 가능하다 해도 그리 바람직하지 않다는 의미를 내포한다.

그래서 대의정치가 민주적 기본질서로서 기능하기 위해서는 우리가 뽑은 통치자, 그리고 우리의 대표인 의회의 결정이 정당하고 정의에 입각해야 한다. 그러나 그들이 내린 결정이 정당한지, 그리고 정의로운지 대중이 판단하기란 쉽지 않다.

그들의 결정이 탐욕으로 인한 더러운 독단獨斷인가, 아니면 대중을 위해 고심한 어려운 결단인가는 단 한 가지로 가려진다. 그 결정에 '스스로를 희생해도 좋다'는 판단기준이 작용했는지 여부다.

물론 공동체의 이익이냐, 리더 자신의 이익이냐 하는 문제의 답은 언제나 정해져 있다. 리더의 이익이 더 소중한 경우는 어느 경우에도 없다는 것이다. 권력자 역시 그 정답을 알지만 많은 경우에

이기적인 독단에 쉽게 빠지는 것은 전횡專橫을 제어할 내부통제 기능이 없기 때문이다. 그 기능은 유능한 참모가 맡아야 하지만 대부분은 주구走狗에 불과하다.

그래서 통치자는 예외 없이 '짐이 곧 국가다'라는 생각에 빠진다. 권력에 기생하는 아첨꾼들이 이렇게 군림君臨할 수 있게 한다. 통치자의 독단은 대부분 아첨하는 참모가 만드는 것이다. 마치 왕정시대의 환관이나 내시 같은 그런 자들을 언론에서는 충성스런 참모로 묘사한다.

훌륭한 통치자는 훌륭한 참모가 만드는 것이다.

25-1

우리 대의정치의 결함은 그 구성원인 의원들이 국민의 대표가 아니라 보스의 부하라는 데 있다.

강단講壇에서 논해지는 민주주의는 현실에는 없다. 민주주의에 대한 강단의 환상을 가진 자가 보면 지금의 의사당은 정신병동에 가깝다. 실제 마거릿 대처 여사가 첫 등원登院을 했을 때 선배의원의 환영사는 이랬다.

'정신병원에 오신 걸 환영합니다.'

어느 나라든 어떤 권력분립의 형태든 의회를 '국민을 제대로 대표할 대표'만으로 가득 채울 방법은 없다. 이타심으로 차 있고 자기희생을 할 줄 아는 자는 극히 예외적이기 때문이다. 그리고 그런 자로 의회를 구성한다고 해서 공동체를 위한 최선의 결정이 나올 것이란 보장도 없다.

오히려 이기적인 대표들이 모여서 벌이는 논쟁에서 나오는 결정이 공동체에 도움이 될 확률이 훨씬 높다. '자기 이익'들이 치열하게 충돌하겠지만 결국 그런 이익들도 각 계층의 이익을 대변하는 것이 되기 때문이다.

그래도 무릇 정치인이라면 공동체의 미래에 대한 고민은 있어야 한다. 그런 고민 없이 오직 권력만을 탐하는 무리에게 한마디를 보태겠다.

'우리는 지금 정신병동에 누구를 보낼 것인가를 두고 엄청난 돈과 시간을 들여 선거란 것을 하고 있다. 그것도 우리의 미래를 결정하는 정신병동에!'

26

민주주의는 '자기 자신을 통치하는 일'에 관심 있는 자에게만 가치 있는 제도다. 민주주의가 '스스로를 통치한다'는 데 기초한 이념이기 때문이다.

오늘날 가장 의심받는 것은 통치자의 자질이다. 그 의심은 기실 민주주의가 성숙되는 것과 비례한다. 권위주의가 철폐되면서 대부분의 통치자는 '우리가 뽑은 지도자'에 불과한 직업정치인이기 때문이다.

그나마도 대중은 별 관심이 없다. 투표소에서 통치자에게 한 표를 던졌더라도 자신이 기여한 것은 사실 '없어도 되는 n분의 1'이다.

통치자에 대한 무관심은 결국 자질이 부족한 자의 오만한 통치를 낳는다. 이것이 과거의 독재와 다른 것은 불법적이 아닌, '합법적인 형태를 띤 권한의 남용'이라는 것이다.

희극적인 건 언론인을 포함한 지식인이란 자들이 이런 사태를 염려하기는커녕 찬양한다는 사실이다. 그들이 남용에 일정부분 가담하고 있기 때문이다.

무릇 통치자는 권력의 행사를 절제할 줄 알아야 한다. 자신을 통제하지도 억제하지도 못하는 자에게 통치 받는 비극을 상상해 보라. 민주적 사고思考를 하는 훈련이 되어 있지 않은 통치자는 민주주의의 이름으로 모든 것을 전횡專橫하기 마련이다.

적어도 외관적으로는 민주주의가 보편화된 오늘날, 이런 난센스 같은 일이 벌어지는 건 자질 없는 자의 통치와 이로 인한 정치적 냉소에서 나온 무관심이 악순환을 거듭하기 때문이다.

2천여 년 전 플라톤은 이미 이 점을 경고했다.

'정치적 무관심의 대가는 자기보다 못한 자의 통치를 받는 것이다.'

27

오늘날 민주주의는 곧 '우상偶像 민주주의idol democracy'다.

우상idol은 곧 이미지image다.

통치자의 자질보다는 외모와 매력적인 웃음, 과장된 이력履歷, 아무 내용도 없는 몇 마디의 말이 우상을 만들어낸다.(과거와는 달리 선거공보에 실리는 후보자가 하나같이 입을 벌린 채 웃고 있는 모습인 것도 그런 연유에서다.) 이 또한 정치적 무관심이 일반화되면서 벌어진 현상이다.

이런 '우상창조'는 마치 연예 스타를 관리하듯이 스타 정치인을 보좌하는 참모들이 한다. 카메라에 스치듯이 잡힌 제스처와 대중의 관심을 끄는 돌출발언도 대부분 준비된 것이다.

그런 '이미지 메이킹'으로 잔인한 심성이나 빈곤貧困한 철학, 무지와 비겁함 같은 중대한 결함들이 감춰진다.

우상은 당연히 민주주의의 적이다.

민주주의의 통치자는 결코 우상이 되어선 안 된다. 우상이 있는 사회는 민주주의도 자유주의도 없다. 그런데도 대중이 우상을 키우는 건 전적으로 미디어의 영향 탓이다. 오늘날 미디어가 확산되고 언론이 비판과 감시, 검증보다는 오히려 권력창출에 가담하면서 우상창조는 가속화된다.

그런 탓에 자신의 우상이 민주주의의 적이며 자유주의의 적이란 사실을 깨닫기에는, 대중은 늘 2퍼센트가 부족한 존재다. 대중은 언론이 도와주지 않는다면 이성적 판단이 거의 불가능한 감성의 집적체集積體이기 때문이다.

대중은 아주 가끔만 현명할 뿐이다.

27-1

정치적 우상은 전근대적前近代的인 현상이다. 그런데도 오늘날 우상 민주주의는 과거와 비길 수 없을 정도로 확고하게 자리 잡았다.

오늘날 우상이 과거의 우상들과 다른 건 추종자들에게 '미끼를 던질 수 있다'는 점이다. 우상화된 보스는 자신이 권력을 잡았을 때 수혜가 있을 것이라는 암시를 끝없이 보낸다. 그 미끼야말로 추종자들이 보스를 따르는 유일한 이유다. 보스가 암시한 고위 관직이나 국회의원, 공기업 사장 등을 차지하고 싶다는 '간설한 희망'이 보스에게 맹종하는 유인誘因이 되는 것이다.

이런 불순한 동기는 사실 그리 나무랄 바는 아니지만, 문제는 이런 일이 공조직公組織의 시스템을 붕괴시키는 '권력의 사유화私有化'로 직결되는 데 있다.

그러다 보니 자신의 보스가 승리할 가능성이 없거나 자신에게 그런 보답이 오지 않는다는 판단이 섰을 때 배신은 당연하다. 그는 뒤돌아보지 않고 '자신의 가치를 알아주는' 다른 보스를 찾아 떠난다. 이념이나 정책으로 인해 보스를 추종한 것이 아니니 사실 조금도 거리낄 것이 없다.

그러니까 자신의 우상에게 모든 걸 희생하는 헌신은 처음부터 없는 것이다. 간신배는 그렇게 해서 생겨난다.

이런 자들이 통치자 옆에서 정책결정에 영향을 미친다는 건 끔찍한 일이다. 그들의 조언은 대부분 아첨에 알맞게 가공된 것이기 때문이다. 게다가 그들은 제일 먼저 부패한다.

대부분의 통치자는 이런 참모로 인해서 결정적으로 타락했다. 그리고 예외 없이 국가의 타락으로 이어졌다.

27-2

보스를 맹목적으로 따르는 정치인 혹은 정치적 건달들은 대개 진영논리에 빠져있다.

그가 학자든 언론인이든 법조인이든, 멀쩡한 사람이 한 진영에 발을 들이는 순간 정신의 파멸이 시작된다. 학문적 양심상 명백한 오류라고 할 수밖에 없는데도 진실이라고 말하는 몰염치한 일들을 벌이는 것이다.

그런 정치적 건달들의 첫 번째 특징은 자신의 보스에 대해 조금이라도 비판적이면 무차별 공격에 나서는 것이다.

예컨대 새누리당의 좌경화를 비판하거나 세종시로 수도분할 하는 것을 반대하면 보수주의자가 아니라는 식의 공격이다. 새누리당이 이미 보수주의를 벗어난 사실과 수도분할이 국력낭비를 가져온다는 사실을 번연히 알면서도 조금도 얼굴을 붉히지 않고 그런 곡학曲學을 할 수 있는 것은 보스에 대한 충성만이 최고선最高善이기 때문이다.

사정은 야당도 마찬가지다. 야당의 명분 없는 연대나 사적私的

동기로 한 공천, 심지어 보스끼리 밀실에서 합의한 합당을 비판해도 곧 여당의 주구走狗라는 공격을 받게 된다. 그런 공격은 어떤 근거도 필요하지 않다. 보편적 복지를 비판하는 것만으로 기득권자로 내몰리고 민영화를 주장하면 곧장 재벌의 하수인이 되는 식이다.

이 더러운 작태가 주체사상主體思想 맹신자들의 패권주의覇權主義와 무엇이 다른가? 이런 일이 반복되면 필연적으로 자신만이 선이요 정의라는 전체주의全體主義의 망령이 되살아나게 된다.

진영논리야말로 우리 정치의 개선을 막는 근본적인 이유다.

28

선거는 언제나 '차악次惡'을 선택하는 것이다.

대의정치의 핵심은 우리가 최선의 대표를 뽑는 일이다. 그러나 후보자가 자신의 절대적 우상인 경우와 같은 아주 예외적인 때를 제외한다면 우리가 원하는 후보자는 없다. 투표소에 놓여있는 선택지選擇肢는 유권자의 의사와 아무런 상관없이 제시된 자들이기 때문이다.

보스의 비위를 맞추거나 오랜 당료생활 끝에 행운을 잡은 것이 아니라면 뇌물과 청탁, 굴욕적인 아첨, 이익단체의 압력으로 명단에 오른 자가 대부분이다. 그렇게 해서 정치판에 공급되는 인물은 기실 인재가 아니다. 그렇다고 성실하지도 않다.

대중을 위해 헌신할 수 있는 인재는 선택지에 이름을 올리는 것이 오히려 차단되어 있다. 정치판의 보스 역시 조직폭력배의 보스처럼 인재보다는 충복忠僕이 필요하기 때문이다.

그러니까 대중으로서는 투표가 그만그만한 후보자들 중에서 그나마 싹수있어 보이는 자를 고르는 일이다. 엄밀히 말하면 '정치적 강제強制' 로서 일종의 고문拷問과 같다.

그런데 대부분의 선거는 그런 고문을 당하지 않아도 좋은 선거다. 후보자들은 전혀 구별할 필요가 없고 또 구별할 수도 없는 자들인 것이다.

이 굿판을 두고, 투표가 '민주시민의 기본적인 의무'라는 걸 강조하면서 참여를 강요하는 것이 시장에서 썩은 과일을 강매하는 것과 무엇이 다른가?

정치를 냉소할 수 있는 자유는 없다는 것인가?

29

우리는 정당을 가지고 있는가?

오늘날 대중민주주의는 정당제도를 근간으로 한다. 정당은 이념과 정책으로 뭉쳐서 정권을 획득하려는 결사체다. 따라서 복수정당제複數政黨制는 민주적 기본질서 중 하나다.

그런데 후진적 정치일수록 복수정당제라는 그럴듯한 형식을 갖췄더라도 정당 자체가 정당으로서 기능하지 못한다. 정당들은 이념과 정책이 아닌, 인물 중심으로 뭉친다. 그러니까 정치적 카리스마를 가진 자 밑에 수많은 권력지향성 인물들이 모인 '패거리'인 것이다.(정당에 '무리黨'자를 쓰는 것이 하나도 이상할 것이 없다.)

이러니 정당 내 민주주의는 없다. 보스의 직관直觀이 어떤 이념, 어떤 명분보다도 우선한다. 그래서 벌이는 정치는 그럴듯한 형식을 갖춘 쇼에 가깝다.

정당의 핵심적인 기능인 공천이 그렇다. 대부분의 공천은 사천私薦이다. 보스가 밀실에서 자의적恣意的으로 하는 것이다. 이런 사천을 특별한 자격을 요하지 않고 보스의 친분에 의해 임명된 공천 심사위원이란 자들이 심사라는 요식행위를 거쳐 '공천'으로 정당화시킨다. 오히려 보스는 이런 절차를 거쳐 필요 없어진 주구走狗나 부담이 되는 중간 두목들을 숙청한다.

때로 상향식 공천을 한답시고 지역에서 경선競選이란 걸 하지만 대부분은 보스의 뜻을 관철하는 형식적인 절차에 불과하다. 그런 경선은 주로 오픈 프라이머리open primary라는 위헌적 요소가 다분한 방식으로 하는 것인데, 그나마 사실은 대중에게 후보의 선택을 맡기는 것이 아니라, 보스의 뜻이 하달된 조직에 의해 치러지는 것이다.(미국 연방대법원에서 블랭킷 프라이머리blanket primary는 위헌판결을 받았다.)

그러니까 정당의 공천 쇼는 결과가 뻔히 보이는 3류 마술쇼 같은 것이다. 다만 그 쇼에 인생을 거는 이가 많다는 게 다를 뿐이다.

29-1

우리 정당들은 예외 없이 조직폭력배들의 조직보다 역사가 짧다.

우리에게 역사가 있는 정당이 없다는 건 참으로 부끄러운 일이다. 명색이 복수정당제를 내건 민주국가에서 10년이 된 정당이 하나도 없다. 엄밀히 말하자면 겉만 복수정당제이지 속살은 이념과는 상관없이 보스와 졸개로 구성된 조직이 여럿 있는 경우다. 민주적 기본질서로 거론되는 복수정당제와는 하등 관계없는 다당제多黨制인 것이다.

혹자는 여당이든 야당이든 필요에 따라 정당의 이름만 바뀌었을 뿐, 우리 역시 보수와 진보의 서로 다른 이념으로 경쟁한 양당체제라고 한다. 그러나 이건 일고一考의 가치도 없는 해괴한 주장이다. 정당은 해산은 물론이요, 당명과 정강정책을 변경함으로써 소멸하는 것이다.

예컨대 노무현정권의 여당이었던 열린우리당은 그 전의 민주당이나 그 뒤의 민주당과 이념이 같다고 할 수 있는가? 엄격히 말하자면 한민당 이후 신민당까지 이어져온 보수주의 야당과 김대중, 노무현 정권의 여당은 이념이 동일하지 않다. 사람만 같지 추구한 이념은 명백히 다른 것이다. 그리고 새누리당은 정강정책은 물론 당의 상징색조차 달리하는 그 전의 한나라당과 동일한 당이 아니다.

그런데도 정당마다 애당심을 강조하는 건 명백한 사기詐欺다. 진성당원眞性黨員이 없는 정당에서 누가 누구에게, 무엇에, 또 무엇 때문에 충성심을 보이라는 것인가? 세계의 문명국에서 우리처럼 진성당원이라는 뿌리가 없는 정당은 없다. 이러니 우리 정당들은 패거리 정치의 도구에 불과하다. 오직 보스를 위해 존재하는 조직 폭력배의 구조를 닮게 된 것이다.

이것이야말로 정치판이 부패할 수밖에 없는 까닭이요, 정치가 3류로 남아있는 이유다.

29-2

정당들은 상징象徵이 있다.

스스로 상징을 만들기도 하지만 자연스럽게 상징이 생기기도 한다. 정당이 상징을 내세우는 것은, 이념과 정책을 그 상징에 담는 것이다. 색깔이 대표적이다. 좌파는 태생 때부터 붉은 색을, 우파는 파란 색을 썼다.

그런데 이념으로 뭉치지 않은 정당은 이런 상징에 무감각하다. 이러다 보니 정당의 상징색象徵色을 보스가 마음대로 바꾼다. 이런 반反민주적인 일이 자행될 수 있는 것은 정치 프로파간다propaganda를 기껏 상품광고 정도로 여기고 있기 때문이다.

그런데 이 상징색을 바꾸는 것이야말로 당명黨名이나 정강정책을 변경하는 것보다 훨씬 더 중대한 일이다. 당의 뿌리이자 존재이유인 이념을 통째 바꾸는 것이 되기 때문이다. 그런데도 보스에 항의하는 자가 한 사람도 없다면 그 정당은 이미 정당이 아니라 이념과는 상관없이 존립이 가능한 '협회協會'라고 해야 마땅하다.

엉뚱한 이름표를 부끄러워하지 않는 정당은 위험한 정당이다. 일관성을 잃은 채 즉흥적인 미봉책으로 시종할 것이기 때문이다.

붉은 색은 프랑스혁명 이후 급진개혁을 주도한 자코뱅의 색깔이다. 마르크스는 라인신문을 만들 때부터 '적기赤旗'를 사용했으며 이후 적기는 변함없이 공산주의의 상징색이 되었다. 그런 까닭에 공산군은 '적군赤軍'으로 불렸다. 영국 노동당이 빨간 장미꽃을 상징으로 삼는 것도 그런 유래에서다. 반면 파란 색은 이런 급진개혁과 공산주의에 대항하는 보수주의의 색깔이다.

상징은 정당의 모든 것이다. 과거 민주공화당이 황소를 상징으로 한 것은 황소같이 묵묵히 일하는 정당을 의미했다. 민주공화당은 보수주의 야당이었던 신민당과 사실상 이념은 동일했지만, 그 이념을 실천하는 방법론에서 계획경제를 비롯한 진보적 정책을 도입하여 차별성을 보였다.

미국의 경우 공화당Republican Party의 상징은 하반부는 빨강, 상반부는 파랑인 코끼리다. 풍자만화가 토머스 네스트가 1874년에 「하퍼」라는 잡지에 공화당이 미련한 코끼리와 같다는 삽화를 그린 것에서 유래한다. 반면 민주당Democratic Party은 몸통은 파랗고 머리만 빨간 당나귀다. 토머스 네스트가 1870년 「하퍼」지에 약아빠진 민주당을 비꼬아 죽은 사자에

발길질을 하는 당나귀를 그린 데서 유래한다.

놀랍게도 박근혜 정부 전후로 여야당이 색깔을 맞바꾸었다. 그 전에는 보수층의 지지를 받은 한나라당이 파란 색을, 중도좌파를 주장하던 민주당은 노란 색과 붉은 색을 혼용했다. 그런데 한나라당이 새누리당으로 명칭을 바꾸고 상징색을 빨간 색으로 바꾸자, 민주당이 상징색을 파란 색으로 바꾼 것이다. 세계 정당사에 남을 이런 희극적인 사태에도 양당 모두 소속의원 단 한 명도 반발하지 않았다.

29-3

우리 정당들은 죽어있는 조직이다.

문민정부 들어 우리 대중 정당은 딱 두 종류다.(급진-극단좌파 정당은 대중성을 확보하지 못했다.) 오직 한 사람만을 위한 조직이거나 계파 보스 여럿의 연합체인 조직이 그것이다. 둘 다 정당으로서 죽어있기는 마찬가지다. 정당이 이처럼 사익私益으로 이루어진 조직인 것이 우리 민주주의가 성숙하지 못하는 이유다.(민주화를 앞세웠던 김영삼 · 김대중 두 보스가 이런 후진적 형태의 정당을 만든 장본인이라는 사실은 훗날 사가들로부터 민주화의 진정성을 의심받는 단서가 될 것이다.)

당연히 정당 조직은 경직되어 있다. 그래서 대중과 유리되어 있는 불통不通의 조직이다. 정당이든 기업이든 이런 조직은 필연적으로 망한다.

보스의 권위 아래 모여든 조직폭력배들과 같은 정당은 보스와 함께 그 수명을 다한다. 새 보스가 등장하면 이념을 바꾸고 당명을 바꾸고 색깔을 바꾼다. 정당이 그 지도자와 함께 생멸生滅을 같이 한다는 것은 참으로 우스꽝스러운 것이다.

첫째, 정당이 이념이나 정책과는 무관하다는 것은 철저히 사익私益에 따라 뭉쳤다는 의미다. 소속 의원들은 자신의 영달이 최우선이기 때문에 언제든 배신한다. 우리 정치인들이 고질적인 병폐인 '이합집산離合集散'에 능한 이유다.

둘째, 정당에 도덕성이 없으므로 정당 자체가 부패한다. 공천은 물론 온갖 이권에 뇌물과 청탁이 난무하고 학연 지연 혈연 같은 사적 동기가 절대적인 판단기준으로 작용한다. 이러니 함께 부패하지 않고는 살아남을 수 없다. 워낙 돈으로 정치를 하는 고高비용 구조이기 때문이다.

그래서 우리 정치를 바꾸려면 정당을 바꾸지 않으면 안 된다. 먼저 정당의 이념적 동질성이 확보되어야 한다. 정당의 민주화는 그 다음의 문제다.

29-4

정당의 수명이 짧은 것은 그 정당이 민주주의에 입각한 정당이 아니기 때문이다.

물론 정치적 보스 대부분은 민주주의에 대한 확신을 드러내곤 한다. 민주주의를 외치면서 반대진영이 민주주의를 훼손하고 있다고 공격하기도 한다.

그런 보스들 대부분은 공통적인 결함을 가진다. 자신의 이익에 따라 처신을 달리하는 것이다. 이 나라 정당사에 기록된 창당과 합당, 그리고 분당分黨의 대부분은 보스의 일방적인 결정에 의한 것이다. 그런 결과 지금의 정당대립은 조선시대 당쟁黨爭보다도 명분이 없게 됐다.

그러니 정치적 보스들이 민주주의자인가 더 따질 필요조차 없다. 보스 개인의 독단으로 정당의 생명인 이념과 정책을 바꾸는 일은 물론이고 정당 활동의 핵심인 공천조차도 자의恣意로 하거나 몇몇 보스끼리 나눠가진다.

특히 정치적 비중이 컸고 확고한 지역기반이 있었던 김영삼 · 김대중 두 사람이 주도한 수차례 '정계개편政界改編'은 이념이나 정책과는 전혀 무관하게 이합집산離合集散이 진행된 것이었다. 이는 오직 정권획득이 목적이었다는 점에서 명백한 민주주의의 후퇴다.

민주화의 상징인 두 사람이 권력욕으로 저지른 이런 파행跛行은 결국 한국 민주주의의 타락을 불렀다. 그 후예들 또한 똑같이 지역을 볼모로 사익을 추구하는 패턴을 보임으로써, 우리 정당들이 이념에 따라 행동하는 것을 막았던 것이다.

30

이념이 아닌, 특정인을 중심으로 모인 정당은 사실 정당이라고 부르기에는 너무 많은 흠결欠缺이 있다.

무엇보다도 이념이 없으니 당연히 '동지의식同志意識'이 없다. 그런 까닭에 자신에게 별다른 이익이 없거나 보스의 정치적 운명이 다해 더 이상 기회가 없다고 판단되면 대부분은 떠난다. 때로는 배신이라고 해도 좋은 만큼, 한때의 상전上典을 비난하는 데 앞장서기도 한다.

그런 몰염치한 자는 숱하게 많다.

먹던 우물에 침을 뱉어야 직성直星이 풀리는 더러운 처신을 하면서도 변명이 따라붙는다. 그 변명에는 일말一抹의 양심의 가책도 없다. 정치판에서 자신이 살아남기 위해서는 무엇이든 하는, 이런 배덕背德을 다들 묵인默認한다. 그렇지 않은 정치인이 거의 없기 때문이다.

그런 자일수록 다음 권력에 아첨하기 바쁘다. 그들이 말하는 정의와 진실은 추악한 얼굴을 감추는 화장에 불과하다.

정치적 변신과 변절은 군사정권이 끝나면서 엄청나게 늘어났다. 권력에 대한 탐욕이 눈을 가렸기 때문이다. 가장 큰 파장을 일으킨 사건은 노태우 김영삼 김종필이 주도한 3당합당이다. 또 하나 기록되어야 할 사건은 노무현 정권 출범 직후 벌어진 민주당 분당 사건이다. 권력에 눈먼 이른바 '386 세력'은 '열린 우리당'을 만들면서 '100년 정당'을 장담했다. 그러나 정권이 채 끝나기도 전에 '열린 우리당'은 해체됐고 불과 3개월 남짓 되는 기간에 16차례나 창당과 합당 등 이합집산을 거듭했다. 한국정치의 타락상을 한꺼번에 보여준 희극적 사건이었다.

권력에 대한 지식인의 태도 역시 마찬가지다. 노무현 정부가 끝날 무렵 언론인을 비롯한 지식인들은 노 대통령을 비난하기 바빴다. 정권 초기 찬양과 아부에 열성적으로 나섰던 자들이 더 심했다. 심지어 진보좌파 성향의 신문도 비난대열에 가담했다. 이런 변신은 매 정권마다 반복된다. 이명박 정부도 같았다. 정권 말기 때 권부의 부패가 논란이 되자, 권력 주위를 맴돌던 자들이 '자신은 대통령 주변의 권력자를 경고했다'는 식으로, 마치 독재에 저항한 민주투사처럼 설쳐댔다.

제 2 부

정치는 예술인가

99퍼센트에 대한 선동은 언제든 마음만 먹으면 가능하다.
더 정확히는 조작된 '다수'다. 조작이 생각보다 쉬운 건 기득권이라고
불리는 집단이 늘 소수이기 때문이다.
정치인이 '정치는 예술이다'라고 하는 이유다.

31

정치에서 타협妥協이란 대개 추악한 거래에 지나지 않는다.

흔히 정치를 타협의 예술이라고 한다. 맞는 말이다. 이때 타협은 '공존共存의 원리'다. '상대를 인정한다'는 것으로 흔히 말하는 관용寬容이요, 톨레랑스tolérance다.

정치는 이익의 충돌과정이다. 말하자면 이익을 쟁취하기 위한 투쟁인 것이다. 좌파는 '계급 간의 투쟁'이라고 하는데, 이걸 우파식으로 표현하면 '계층 간의 이익조정利益調整'이다. 계급투쟁이든 이익조정이든 결국 정치는 이념의 실천과정이다.

이익의 충돌은 상대방과 벌이는 것만이 아니다. 재화의 분배에 개입하는 모든 요소들과의 투쟁인 것이다. 말하자면 상대와의 투쟁, 시대와의 투쟁, 역사와의 투쟁이 곧 정치다.

따라서 '이념에 얽매이지 않고 정치를 한다'라든지, '이념을 넘어서 정치를 한다'라는 것은 사이비다. 이념에 무지하거나, 자기가 속한 이념을 자신自信하지 못할 때 하는 변명에 지나지 않는다.(때로 상대를 무장해제시킬 목적으로 이 말을 쓰는 경우가 있지만 그건 아주 예외적이다.)

이런 무지로 인해 이념을 관철하기 위한, 그리고 상대 이념을 이해하기 위한 토론과 표결은 요식행위로 전락한다. 토론과 표결은 민주정치의 핵심적인 실천원리다. 이런 원리를 무시하고 밀실에서 타협하는 것을 예술이라고 표현하는 것은 지나친 미화다.

우리 의회는 국회선진화법 혹은 몸싸움방지법이라는 국회법 조항을 가지고 있다. 2012년 5월 2일 통과한 18대 국회 마지막 법안으로, 여야가 대립하는 법안은 재적의원 5분의 3이상이 동의해야 본회의 상정이 가능하도록 했다. 이 법안은 민주주의의 기본원리인 '다수결 원칙majority rule'을 부정한 것으로서 명백히 반反민주적이다. 이 법안 자체가 추악한 거래였다.

32

민주주의에 대한 회의懷疑는 오래됐다.

민주주의는 죽어가고 있는 것이다. 그렇다고 뚜렷한 대안이 있는 것도 아니다. 전체주의가 부활한다든지, 국가가 소멸한다든지, 혹은 수많은 데이터와 함께 오류가 배제된 결론도출과정이 설계되어 있는 슈퍼컴퓨터가 등장하는 일이 벌어질 가능성도 희박하다.

그런 일들이 설령 벌어진다 해도 그것 역시 민주주의의 이름 아래 작동할 것이다. 예컨대 전체주의는 언제든 부활할 수 있겠지만 외관적으로 민주적인 작동장치를 가질 것이다. 국가가 소멸해도 수많은 공동체가 국가를 대체할 것은 분명하다. 슈퍼컴퓨터가 통치를 맡는 공상소설 같은 일이 벌어져도 여전히 민주주의의 이름을 빌린 소수의 전단專斷이 있을 것이다.

민주주의에 대한 회의는 민주주의가 지나치게 비효율적인 것도 한 원인이지만 보다 근본적인 원인은 민주주의가 정당한 결과를 도출하지 못한다는 데 있다. 민주주의라는 제도를 빌려 자신의 이익을 침해하는 일이 계속되는데도 자신을 대변해 이를 시정할 자가 없다면 누가 민주주의에 대한 신앙을 계속할 것인가?

그런데도 '민주'라는 가면假面 아래 대중을 속이는 자들이 인기에 영합하는 정책에만 골몰하는 일이 끝없이 반복된다.(인기영합적인 정책들은 대개 소수자의 이익을 침해하는 것이다.) 이 말에 동의하지 않더라도 권력을 부당하게 휘두르는 것보다 독재가 오히려 피해를 줄일 수 있다는 경험적 사실이 틀렸다고 누가 단언할 수 있겠는가?(라살Ferdinand Lassalle이 비스마르크Otto Bismarck에게 '노동자들은 독재를 선호한다'고 말한 이유다.)

정치에 대한 대중의 실망이 냉소를 거쳐 혐오로 이어진다면 우리는 다시 '철인哲人의 독재'로 돌아가는 역사적 후퇴를 할지 모른다.

32-1

대중은 겉과는 달리 그 속성은 철저히 반反민주적이다.

대중민주주의大衆民主主義가 제대로 작동하지 않은 이유 중의 하나는 민도民度다. 그러나 그것보다는 인간의 속성屬性이 작은 일에 분노하면서 큰일에 대해서는 무덤덤하기 때문이다.

대다수 시민은 자신에게 직접 불이익을 주는 '작은 일'에는 화를 내지만, 직접 연관되지 않은 '큰일'에는 별 관심을 두지 않는다. 더군다나 남의 일에 나서는 건 여간 용기가 없고서는 할 수 없는 일이다.

사실 '큰일'이야말로 장기적으로 자신을 송두리째 파괴하거나 그런 위협이 될 수 있는 일이다. 그런데도 대중이 대수롭게 여기지 않는 것은 균형감각均衡感覺이 없어서가 아니다.

첫째, 작은 일은 대개 눈앞에 실체를 드러내는 것이지만 큰일은 마치 안개속의 괴물처럼 모든 것이 명료해질 때까지 진짜 모습을 감추고 있기 때문이다.

둘째, 인간은 자신과 같은 불이익을 받는 이가 많을수록 불이익이라고 느끼지 않는, 상대적 평가에 익숙한 존재이기 때문이다.

이런 대중의 속성이야말로 질 나쁜 정상배政商輩들이 활개 치는 토양이 된다. 그중에서도 후자는 사회를 하향평준화로 몰아간다.(보편적 복지가 바로 상대적 평가에 익숙한 대중의 속성에 맞춘 집단주의 정책이다.)

그로 인해 외관적으로는 대중친화적인, 그러나 불량하기 짝이 없는 정책으로 정치인 행세를 할 수 있는 것이다.

32-2

나쁜 정치인은 정치를 끝없이 왜소矮小하게 만든다.

이념에 무지하고 철학이 없는 정치인은 막상 할 일이 없다. 국가의 미래를 고민하기에는 지식이 터무니없이 부족한 까닭이다.

그런 정치인일수록 국회의원 같은 권한을 가진 자리에 연연한다. 재선을 위해 명예도 헌신짝처럼 버린다.(당적을 바꿔가며 정치를 한 자는 대부분 이 부류에 속한다.) 실적을 만들기 위해 온갖 종류의 법안을 발의하고 텔레비전 카메라 앞에서 주목받을 목적으로 언성을 높인다.

사실 그들이 발의한 법안이라곤 기껏 어슬렁거리는 길고양이나 비둘기를 줄이라거나 주인과 함께 산책 나온 애완견을 등록시키라는 법안 같은, 도무지 국회에서 논의할 것으로는 보이지 않는 법안들이다.(그런 법안들은 지방의회의 소관이다.) 아니면 시세時勢를 따라 급조한, 선행학습先行學習을 금지하는 법안 같은 근본적인 고민이 전혀 없는 법안들이다.

이런 자들이 그리 필요하지도 않은 지역구의 다리를 놓거나 마을회관을 새로 짓는 예산을 따내기 위해 혈안이 된다.(역시 자치단체에서 논의할 문제다. 그런데도 우리 국회는 예결위원회 심사 때마다 지역민원이 적힌 쪽지들이 난무한다.)

그런데 막상 세제를 개편한다든가, 안보체계를 바로 세우는 일 같은 국가적 어젠다에는 관심이 없다. 모르기 때문이다.(보편적 복지에 열광하려면, 세제를 보편적 납세와 보편적 증세로 바꾸는 것은 필수적이다.)

놀라운 것은 국회가 19대를 내려오는 동안 일본 법률을 계수繼受한 우리 민법과 형법조차 개정할 엄두를 못 내고 있다는 것이다. 그런 결과 온갖 특별법이 기본법인 민법과 형법을 압도하는 기형적인 법률체계가 됐다.

국회가 입법부이고 국회의원law maker이 독립한 입법기관임을 생각하면 전부 다 직무유기를 한 셈이다.

33

정치인은 딱 세 부류가 있다. 거짓을 일삼는 천박한 자, 무지無知한 자. 그리고 천박하면서 무지한 자.

솔직히 말해 정치판에서 고귀高貴한 자를 찾기란 참으로 어려운 일이다. '스스로 고귀한 자'가 정치판의 이전투구泥田鬪狗에 왜 뛰어들겠는가?(이전투구란 말은 '진흙밭에서 벌이는 개싸움'이란 뜻이다. 정치판이 이전투구라는 걸 부인하고 싶은 자는 지난 10년간 신문보도를 훑어보라. 정치판을 묘사한 말로 가장 많이 쓰인 것이 바로 '이전투구'다.)

오늘날 권력은 결코 고귀한 자의 몫이 아니다. 그래서 말하건대 무릇 학문을 한 자 가운데 권력을 탐하는 자는 소인배다.

정치판에 들어오는 것을 흔히 '투신投身한다'고 표현하게 된 것은 이런 연유에서다. 혹 세상을 바꾸겠다는 원대한 포부로 이 투신을 감행한 자는 대부분 패배한다. 그런 포부만으로 살아남을 수 있을 정도로 정치판은 도덕적이지 않기 때문이다.

그래서 정치판은 천박한 자들과 무지한 자들이 벌이는 끝없는 투쟁이다. 천박한 자와 무지한 자의 공통점은 둘 다 서로에게 환호한다는 것이다. 전자는 동류의식에서 환호하지만, 후자는 천박함에 경도傾倒되어 그것이 신선하다고 느끼기 때문이다.

정치판에서 인간은 이처럼 뻔뻔해진다. 그러나 결과는 언제나 같다. 역사에는 그들도 모두 패배자로 기록된다. 그들이 대중을 속이기는 쉽지만, 스스로를 속이지는 못하기 때문이다. 자신을 속이지도 못하는 사기꾼이 어찌 역사를 속일 수 있겠는가?

그래도 그들이 정치판에서 행세하는 건, 정치판은 거짓이 늘 진실을 압도하기 때문이다

34

무릇 권력을 가진 자가 겸손하기란 부자가 누더기를 걸치는 것보다 어렵다.

설사 권력자가 그러한 타고난 품성을 가지고 있더라도 셀 수 없을 만큼 들끓는 아첨꾼들 때문에 자신도 모르게 겸손함을 잃게 된다. 마침내 오만傲慢함을 카리스마와 혼동하기에 이른다.

간혹 권력자가 겸손해 보인다 하더라도 그건 진정 겸손해서가 아니라 권력을 유지하기 위한 방편일 때가 더 많다. 텔레비전 카메라 앞에서나 공개된 장소에서 정치인들이 겸손해하는 이유다.

권력자는 또 자신을 돋보이게 할 필요가 있을 때 겸손을 가장한다. 권력자의 의외로 겸손한 모습은 대중을 감동시킨다는 사실을 알기 때문이다. 대중의 불만을 달랠 필요가 있을 때 권력자가 겸손해지는 것도 같은 이유다.

대중은 겸손한 '폭군'을 미워하지 못한다.

34-1

불필요한 의전儀典, protocol은 권력자를 오만하게 한다.

민주주의 체제에서 참으로 어울리지 않는 것이 과잉 의전이다. 통치자를 위시한 권력자에 대한 의전은 대부분 필요한 수준을 넘는다. 후진後進 민주주의일수록 그렇다. 그런 의전이 없었다면 정치판은 권력만을 탐하는 정상배보다 열정적인 봉사자가 많아졌을 것이다.

과잉 의전이 만드는 권위는 권위주의權威主義, authoritarianism를 낳게 한다. 특별히 권력자의 권위를 과장하기 위해 하는 의전은 그 자체로 반反민주적이다.

왕정시대 대관식을 방불케 하는 대통령 취임식이 그렇다. 대통령직은 불필요한 의전으로 시작하는 것이다. 그렇게 해서 만들어지는 권위는 대중에게 승복承服을 강제하는 권위주의로 변질된다.

통치자의 권위의식은 고위관료와 국회의원을 비롯한 모든 권력자들에게 전염된다. 어떤 권력이든 자기보다 큰 권력에 맹종하는 권력의 피라미드가 형성되는 것이다. 주권자인 대중은 피라미드의 맨 아래에 있다.

문제는 이 '권위 피라미드' 꼭대기에 있는 통치자가 선량한 결정을 하기는 거의 불가능하다는 사실이다. 통치자의 의견을 거스르는 다른 의견은 제시되지 않기 때문이다. 설사 다른 의견이 있어도 아첨으로 무장한 참모들에 의해 대부분 무시되거나 조롱당한다. 결국 통치자는 자신의 판단에 전적으로 의존하게 된다.(청와대 수석비서관 회의나 국무회의에서 대통령의 말씀을 받아 적는 참모들은 대표적인 아첨꾼이다. 대통령의 말씀이 금과옥조金科玉條로 들리는 한 참모 본연의 임무인 조언은 불가능하다.)

더 무서운 건 한번 권위주의에 빠진 국가는 그 악습惡習을 쉽게 버리지 못한다는 사실이다. 통치자는 '합법적인 독재'에 빠져들고 아첨꾼이 들끓게 된다.

권력자의 겸손은 민주주의의 첫째가는 미덕이다. 경우에 따라서는 겸손함이 통치에 방해가 되기도 하지만 그건 아주 예외적이다. 그래서 민주주의가 제대로 성숙하려면 통치자의 권위의식부터 사라져야 한다. 과잉 의전을 없애는 것이 그 첩경이다.

통치자는 시민의 왕이 아니라, 시민의 대리인인 시민이기 때문이다.

35

정치인은 무엇으로 대중을 유혹하는가?

대개 정치인은 거대담론巨大談論을 말하지만 선거에는 큰 영향을 미치지 못한다. 아무리 그럴듯해도 구체적인 정책의 뒷받침이 없으면 공허하게 들리기 때문이다.

막상 선거결과를 좌우하는 것은 각 개인의 이익에 관계되는 정책이다. 예컨대 선거를 앞두고 증세增稅하거나 공공요금을 인상하는 정권은 없다.

오히려 정반대다. 선거 때마다 군대의 복무기간은 줄어들고 세금은 감면減免되고 복지는 늘어난다. 정치판은 경쟁적으로 대중이 원하는 건 무엇이든 해 주겠다고 나선다. 대중은 평소 공공선公共善을 말하지만, 투표소에서 선택지를 앞에 둘 때는 먼저 자신의 이익부터 돌보기 때문이다.

그렇다면 거대담론은 대중을 유혹하지 못하는가?

선거가 없는 때라면 거대담론은 오히려 휘발성이 높아 정치인의 운명을 좌우한다. 공동체에 관련된 거대담론들은 많은 경우에 개인의 자유 혹은 권리를 제한하는 것이다. 그 결론은 언제나 여론에서 밀린 소수에게 강제성을 띤다.

『자유론』을 쓴 밀John Stuart Mill은 그런 '개인에 대한 사회의 전제專制'를 혐오했다. 그가 콩트Auguste Comte를 비난한 이유이기도 했다. 그러나 밀조차도 몇몇 어젠다, 예컨대 인구과잉 같은 문제에 대해서는 '여론의 전제'에 호소하자고 제안했다.

오늘날에도 여론은 자주 '사회의 전제'로 작용한다.

여론을 만들고 대중을 유혹해서 여론에 의한 지배전략을 짜는 자는 누구인가? 대부분은 정치인, 그리고 그들과 결탁한 언론이다.

이 시대는 밀이 상상하지 못한 고도의 전략이 난무하는 디지털의 시대, 비인간의 시대다.

35-1

적정절차適正節次, 혹은 민주적 절차를 거쳤다면 어떤 결정이라도 그것이 민주적 결정이어서 존중해야 할 것인가?

감성적인 다수의 결정으로 진실을 덮고 정의에 눈감은 결론을 내리는 경우, 민주주의에 합당한 것인가? 더 나아가서 외관적으로 민주주의에 한 치도 어긋남이 없다면 어떤 결정도 선하고 정의로운가?(공동체의 '일반의지一般意志, general will'는 언제나 정당한가? 또한 극단적인 예로 절대다수가 민주적 결정으로 소수자를 핍박해도 그 결정은 정의로운 것인가?)

이 문제는 민주주의의 역사와 함께 시작된, 참으로 오랜 질문이다. 민주주의에 대한 의심은 사실 여기에서 비롯된다.

민주주의는 결코 다수결로써 정의에 반하는 결정을 해도 좋다거나, 새로운 정의를 세워도 좋다는 이념이 아니다. 민주주의는 공동체에서 '선善한 의사'를 모아가는 방법에 관한 것이다. 그래서 절대선絶對善에 반하는 어떤 결정이 아무리 민주적 탈을 쓰고 있다 하여도 용납될 바는 아니다.(만약 그렇지 않다면 우리는 히틀러의 등장이나 유신헌법의 채택도 민주적 결정이라고 하여 정당시해야 한다.)

그렇다면 소수의 의견은 존중받는가? '소수자에 대한 존중'은 다수결에 대한 보완으로서 민주주의의 또 하나의 원칙이다. 그러나 소수자가 존중받기는 매우 어렵다.

소수가 지키려는 정의조차 합법적으로 무시된다. 오늘날 정당정치가 이념과 정책을 기반으로 하는 정당 간에 이루어지지 않고 사익으로 뭉친 정치집단에 의해 벌어지면서 다수결의 형식을 빌려 정의를 훼손할 가능성은 점점 높아지고 있다. 보스정치 패거리정치가 횡행하면서 민주적 절차를 다한 많은 결정은, 기실 보스가 전적으로 행하는 독단에 지나지 않는 것이다.

패거리의 보스는 대개 자신이나 자신들 집단의 이익에만 골몰하는 법이다. 진실과 정의를 위해 돈이든 명예든 그 무엇이든 자신의 이익을 희생하는 보스는 없다.

36

'보이는 권력'은 기실 두렵지 않다.

정치권력을 포함해서 그 어떤 권력이라도 그렇다. 대개 보이는 권력, 볼 수 있는 권력은 실체가 뚜렷해 남용에 대처하기가 쉽기도 하지만 설사 남용한다 해도 한계가 있는 데다 그 권력의 끝이 함께 보이기 때문이다.

그러나 보이지 않는 권력, 삶의 전全 방면方面에서 작동해 우리를 통제하고 있는 권력은 한계가 없다. 권력의 존재조차도 모호하지만 그 권력을 작동시키는 기제機制 또한 불분명하다. 마치 어둠 속에 숨어 모든 것을 먹어치우는 야수와 같은 것이다.

이처럼 실체가 뚜렷하지 않은 권력이야말로 결코 권력을 가진 자가 함부로 나누거나 포기하지 않는 진짜 권력이다. 게다가 거의 항구적恒久的인 권력이다.

그런데 국가를 움직이고 사회를 바꾸는 것은 이런 보이지 않은 권력의 연계連繫, connection다. 이 '커넥션'을 한 집단이 소유하거나 지배하는 것을 상상해보라. 절대 벗어날 수 없는 지옥이 펼쳐진다.

민주주의에 대한 진정한 위협은 이 거대한 권력이 주는 공포恐怖다. 마음만 먹으면 개인에 관련된 모든 정보를 얻을 수 있는 오늘날, 그런 권력의 통제에서 자유로울 사람은 없다. 우리는 지금 막연하게 권력자의 선의를 믿고 있는 것이다.

그래서 이 드러나지 않는 권력이 제멋대로 준동하는 것을 막는 것이 민주주의가 제대로 작동하게 하는 첩경이다. 그것은 곧 사회 전체가 투명해지는 것이다. 그 역할을 언론이 해야 한다. 그래서 민주주의의 성숙은 곧 언론의 성숙과 같다.

36-1

민주주의가 제대로 기능하려면 누구든 대중을 조종操縱해선 안 된다.

민주주의가 미성숙한 사회에서는 대중을 조종할 때 늘 폭력을 앞세운다. 군軍에 대한 문민통제文民統制가 필수적인 것은 이 때문이다.

그러나 민주주의가 성숙해 가면서 폭력에 의한 조종보다는 비폭력적 조종이 기승을 부린다. 대중은 절대 조종당하지 않는다고 믿지만 사실은 정반대다.

이른바 '네트워크network 지배권력'은 때로는 은밀하게, 때로는 노골적인 간섭에 나선다. 이익이 충돌하는 수많은 기업과 노동조합, 온갖 종류의 시민단체, 정책연구소, 그리고 자치단체와 특정 관료집단까지 정책을 입안立案하고 결정하고 집행하는 데 직접적으로 개입하거나 영향력을 행사하려 든다. 때로는 자신의 이익과 전혀 관련되지 않는데도 간섭하기 좋아하는 종교까지 개입한다.

이런 개입을 감시할 언론은 자신의 입맛에 따라 여기에 가담한다. 존재감을 주기 위해 반대에 나서거나 시청률을 높일 목적으로 자극적인 멘트와 편집을 일삼는다. 때로는 진영논리에 매몰된 언론이 특정정책을 강요하기도 한다.

네트워크 지배권력이 작동되고 이런 개입이 중첩되면서 민주주의는 제대로 기능하는 것처럼 보인다. 충돌하는 이익이 어떤 식으로든 조정되면서 마치 대타협을 이끌어낸 것인 양 호들갑을 떤다.
그러나 실상은 어떤 경우에도 대중이 이 타협에 영향을 끼칠 수는 없다. 실제 정책에 개입하는 건 극소수의 권력자들이다. 대중은 언제나 무력無力한 존재인 것이다.

이런 네트워크 지배권력은 공동선共同善을 실천하는 데 방해가 되는 걸 넘어, 적敵과 같다. 그중에서도 공동체에 가장 해악이 되는 개입은 정치적 패거리와 이익을 공유하는 네트워크가 영향력을 행사하는 것이다.

이때 민주주의는 유사類似민주주의화 된다.

우리 정치판의 후진성은 네트워크 지배권력의 노골화에도 드러난다.

이른바 진보좌파의 경우 정치세력은 친사회주의에 적극적 태도를 보이는 언론은 물론 종교계 일부와 노동조합, 문화계 이념단체, 시민단체, 강단講壇과 사법부에 포진한 좌파 세력들과 강력한 네트워크를 구축한다. 우파 역시 언론과 기업, 종교계 등과 묵시적默示的인 네트워크를 형성한다.

문제는 이런 네트워크가 특정 정치인이나 진영에 봉사한다는 것이다. 그 결과 필연적으로 진실을 감춰지고 정의는 왜곡된다.

37

통치자는 야비하다. 민주주의 시대에도 야비하지 않은 통치자는 없다.

아리스토텔레스는 철인정치哲人政治를 생각했다. 그는 '자신보다 못한 자에게 통치받는 것에 분노해야 한다'고 했다. 과연 아리스토텔레스가 옳은 것인가?

오늘날 통치자들은 철인이 아니다. 현인賢人도 아니다. 철인이든 현인이든 사리판단이 분명한 도덕적인 자가 정치판의 이전투구泥田鬪狗에서 승리하여 통치자가 된다는 것은 상상조차 할 수 없는 일이다.

대개 정치지도자들은 그리 현명하지도 않고, 텔레비전에 비치는 것처럼 지식이 많지도 않으며, 남에 대한 배려도 없다. 다만 '뛰어난' 야비함이 정치적 성공을 이끌었다. 그러니 통치자의 거짓을, 잔혹함을, 야비함을 비웃는 것이야말로 어리석은 것이다.

오히려 오늘날에도 야비하지 않은 자가 통치자가 되기란 거의 불가능하다. 마키아벨리Niccolò Machiavelli가 『군주론』에 쓴 말을 빌리자면 "남을 속일 수 있어야 하며, 상대가 복수를 꿈꿀 수 없을 만큼 잔혹하게 짓밟아야 한다."

그런데도 대중은 통치자의 지혜를 믿는다. 그가 대중의 생명과 재산을 지켜주는 것은 물론 행복한 삶에 필요한 모든 것을 제공해 줄 것을 기대한다. 자신이 직접적인 피해를 입지 않는 한 그런 기대는 계속된다.

그래서 민주주의는 허구虛構다.

38

정부는 인민의 것이 아니라 통치자의 것이다.

정치판의 진실을 아는 자는, 민주주의에 반反하는 이 말을 부정하지 못한다. 명백히 민주주의를 하고 메리트 시스템merit system이 작동하는 나라에서도 관료들은 옛날 군주 이상으로 통치자에게 충성한다. 통치자와 대중 둘만 놓고 본다면, 대중은 언제나 통치자에게 우선순위에서 밀린다.(메리트 시스템은 능력에 따른 인사를 하는 시스템으로 엽관제spoils system와 반대된다.)

놀라운 것은 전문가들도 이 비극적인 사실을 아무도 회의懷疑하지 않는다는 것이다. 정책 결정과정에서 대중을 위해 통치자의 뜻을 거스르는 간 큰 관료는 없다. 통치자의 뜻이 명백히 대중의 이익에 반하더라도 그렇다.

링컨은 '인민의, 인민에 의한, 인민을 위한 정부government of the people, by the people, for the people'를 외쳤다. '인민의 정부'란 정부가 우리의 생명과 재산을 위해 존립하는 것에 우리가 동의했다는 의미이다. 그러나 인민의 정부가 되려면 인민에 의한, 인민을 위한 정부가 아니면 안 된다.

그렇다면 이 둘은 지금 어떻게 기능하고 있는가?

권력자에 의한, 권력자를 위한 정부는 아닌가? 그 권력자가 설사 시민을 위한 봉사정신에 충만한 자라도 적어도 '인민에 의한, 인민을 위한' 정부가 아닌 것은 분명한 사실이다.

통치자의 선출이 투표소에서 이루어졌을 뿐, 권력자의 대중조작大衆操作에 의한 정부, 더 나아가서 권력자가 전단專斷하는 정부를 인민과 연결시킬 수는 없는 것이다.(예컨대 대통령 선거에서 후보 연대나 편파적인 보도를 통한 여론조작은 명백한 대중조작에 속해 그로 인해 창출한 권력의 정당성을 의심받을 수 있다.)

이렇게 된 건 우리 모두가 권력자에 대한 감시를 회피하기 때문이다.

38-1

우리 모두는 시민인가?

민주주의를 하겠다면 우리는 이 질문에 겸허히 대답해야 한다. 민주주의는 시민의 것이지 결코 노예의 것이 아니기 때문이다.

우리는 누구든 스스로가 주권을 가진 시민이라고 믿는다. 우리 스스로 정부를 구성하기 때문에 '인민에 의한 정부government by the people'를 의심하지 않는다.

그런데 이런 신념으로 차 있는 까닭에 '권력의 진실'에 눈감는다. 정부는 보이지 않는 힘에 의해 작동된다government by the invisible power. 우리는 권력의 창출부터 권력을 행사하는 데 이르기까지 그 내막에는 조금도 관여하지 못하면서 단지 투표소에서 한 표를 행사했다는 것만으로 만족하는 '힘없는 시민powerless citizen'에 불과하다.

그런데도 모든 권력은 '자신이 포함된 시민'이 가지고 있다는 확신에서 조금도 벗어나지 못하고, '자신이 자신을 통치하지 못하는' 구조를 민주주의로 오해하는 것이다.

한편 우리는 시민으로서 자격을 갖추고 있는가? 우리는 스스로를 시민이라고 부르지만 과연 시민의 조건은 무엇인가? 시민으로서 자유를 누리는 대신 그에 상응한 의무obligation를 다해야만 그 조건은 충족되는 것인가? 아니면 책임을 다하지 못하더라도 정치적으로 연결되어 있는 전체 인민이 다 시민인 것인가?

그 답은 명확하다. 우리가 정의롭다면 공동체에 대해 의무를 다하지 못한 자에게까지 공동체의 의사결정에 개입하게 할 수는 없다. 대중의 도덕성에 근본적인 균열이 간 공동체가 계속 존립한 역사는 없기 때문이다.

오늘날 민주주의가 본래의 의미를 찾기 위해서 주권을 행사하는 시민의 자격을 강화해야 한다는 주장이 다시 제기된다. 공동체의 선한 의사를 결집하려면 시민에게 의무를 다하는 걸 넘어 정치적 덕성이 필요하다는 것이다. 150년 전 존 스튜어트 밀은 시민의 자격을 제한할 필요가 있다고 주장했다.

39

정치에 대한 시민의 참여가 늘어난다. 미디어와 사회통신망SNS의 확대는 대량의 정보를 신속하고 광범위하게 유통시킨다.

그 결과는 처참하다. 선량한 의견은 극소수에 불과하고 온갖 악의적惡意的인 주장과 엉터리 주장들 그리고 거짓과 모략뿐인 정치적 발언이 흘러넘친다. 그런 발언들은 대개 '시민의 의견'으로 포장된다.

사실 그런 의견들에는 신뢰를 뒷받침하는 어떤 담보도 없다. 익명匿名으로 등장할 뿐인 발언자는 신분도, 지적 수준도, 발언의 의도도, 성향도 감춰진다. 최악의 경우에는 '개인적 배설排泄'이 공적인 제안과 동일시된다. 그 의견들은 체제에서는 고려할 필요가 없고 또 고려해서는 안 될 의견들이다.(최근에는 거대한 대중의 의견이 계량화된 빅데이터big data를 정책판단에 최우선적으로 고려하는 경향이 점점 강해지고 있다. 대중의 지지를 얻기 가장 쉬운 방법이기 때문이다.)

놀라운 건 그런데도 이런 무가치無價值한 의견들이 객관적이고 가치중립적이며 고귀하기까지 하다고 해서 전문가의 의견과 같은 값으로 존중받거나 더 높게 평가받는다는 사실이다. 그렇게 해서 결정된 정책의 책임은 누가 질 것인가?(극단적으로, 인터넷망을 통한 적국敵國의 여론 조작造作으로 잘못된 군사정책이 결정될 수도 있다.)

시민의 발언권이 무한정 확대되는 이 현상은 사회통합을 확대하는 데 기여한다고 하지만 사실은 '갈등의 증폭'에 가깝다. 객관적이라고 불리는 그 의견들은 대개 진영논리에 빠져 무조건적으로 상대를 공격하는 것들이다.

그래서 상대 진영에 대한 증오심은 쌓여간다. 사회통신망은 설익은 증오심을 단단하게 키워내는 인큐베이터다.

40

민주주의는 숙명적宿命的으로 타락할 수밖에 없다.

여기에는 두 가지 이유가 있다.

첫째 시민의 발언권이 커지면서 통치자를 비롯한 정치인에 대한 지지와 반대가 뚜렷해진다. 엄격히 말하자면 정책에 대한 찬반이라기보다 개인에 대한 맹목적인 호好, 불호不好다.

문제는 대중의 발언으로 형성되는 여론은 상향평준화보다는 하향평준화로 가기가 훨씬 쉽다는 것이다. 대중은 균질하지 않기 때문이다.(흥미 본위로 제작된 낮은 수준의 드라마가 시청률이 높다는 점을 상기하라.) 그래서 대중을 이성적으로 설득하기보다 감성적으로 몰아가는 것이 선거에서 승리할 수 있는 첩경이 된다.

이것이야말로 민주주의의 맹점이다. 민주주의가 팬클럽 같은 비이성적인 군중심리에 의존하고 충동에 의한 결정으로 투표행위로 나아가는 걸 볼 때, 민주주의가 타락하지 않는다는 건 정말 어려운 일이다.

둘째, 오늘날 경제규모가 커지면서 이해가 충돌하는 지점이 급증한다는 점이다. 정치를 통해 결정할 의제가 엄청나게 많아진 것이다.

유권자의 대부분이 정책에 대해 제대로 이해할 능력이 없거나 능력이 있어도 그럴 의사는커녕 별다른 관심도 없는 상태에서, 폭증하는 의제들에 대한 결정을 대중에게 맡겨도 되는 것인가? 모든 성인이 주권을 행사하는 유권자라는 대중민주주의의 미덕이 오히려 민주주의가 언제든 타락할 수 있는 근본원인이 된 것이다.

결국 민주주의 체제에서는 진지한 정책으로 무장한 정치인은 점차 사라지게 된다. 대신 대중의 기호에 영합하는 정책으로 무장한 정상배政商輩는 늘어난다.

41

통치자가 권위를 가지려면 정통성과 정당성은 필수적이다.

특히 국민의 직접선거로 뽑는 대통령의 경우 반대자를 압도하는 다수의 지지가 없으면 수많은 반대에 부딪혀 필연적으로 통치의 동력을 상실한다. 선택지選擇肢가 여럿이어서 50퍼센트를 넘는 '압도적 다수'의 지지를 얻지 못할 경우 결선투표가 필요한 이유다.

주로 진보주의 학자와 좌파 정치인을 중심으로 대통령선거의 결선투표제를 주장한다. '현재의 정당정치가 불안정하고 예측가능성이 낮아 사회경제적 다양성을 대표하지 못한다'는 것이 그 명분이다. 그러니까 사회의 소수의견을 대변하는 소수정당이 있으려면 결선투표를 통해 좌파와 우파의 대전大戰을 치르게 해야 한다는 것이다.

그러나 패권주의覇權主義에 빠져 정당정치를 지금처럼 정당난립으로 황폐하게 만든 자들이 누구인가? 결선투표에 목을 매는 건 좌파 중에서도 급진 성향이 더 강한 쪽이다. 그들은 자기 진영에서 '표의 쏠림 현상'을 극복해 지지를 넓혀가기 위해 결선투표를 요구하는 것이다.

내가 오래전부터 최소한 대통령선거라도 결선투표를 해야 한다고 주장하는 것은 권력의 정당성을 확보하기 위해 필요하다는 이유에서다. 만약 프랑스처럼 결선투표제가 있었다면 문민정부 들어 두 번의 진보좌파 정부는 불가능했을 것이다. 그랬다면 역사는 어디로 흘러갔을까? 아마도 결선투표를 요구하는 좌파의 생각과는 반대로 극단주의자들은 자취를 감췄을 것이다.

42

사법통제司法統制는 민주적 기본질서 가운데 가장 중요한 것이다.

민주주의는 곧 법치주의法治主義인 까닭이다. 그러나 '견제와 균형checks and balances'이라는 권력분립의 원칙을 넘어서 법관이 정책의 집행이나 정치적 결정에 영향을 미쳐선 안 된다.

그런데 현실은 그렇지 않다. 너무 많은 법률의 생산에다, 법률조문에 다의적多義的 해석이 가능한 모호하고 추상적인 표현을 남발함으로써 사법부의 해석이 필요한 경우가 증대했다.

과잉입법은 법률만능주의法律萬能主義에서 비롯된 것으로서, 의원들의 과시욕도 한 원인이다. 더욱이 입법을 의원의 실적으로 여기는 풍조가 과잉입법을 부추긴다. 그리고 모호한 법률조문은 행정부의 집행편의를 위한 측면도 있지만 근본적으로는 국회의원들이 법률에 무지한 때문이다.

결국 입법은 의회가 하지만 진정한 법률은 법원이 해석을 통해 만들어내는 현상이 벌어진다.

그런데다 사법부는 많은 경우에 '사법적극주의司法積極主義, judicial

activism'를 내걸고, 특정집단이나 특정이념에 복무할 목적으로 법률해석을 하거나 특정정책을 정당화한다. 이런 빈번한 정치 관여는 '진보적 판결'이니 '열린 법원'이니 '깨인 판사'니 하는 미명 아래 민주주의에 대한 중대한 위협이 되고 있다.

미국학자들이 '왜 판사들은 그렇게 판단할까?'를 연구했다. '사람들은 누구나 자신이 중요시하는 집단으로부터 찬사를 받고자 하는 욕망에 의해 행동한다'는 것이 그 답이다.

민주주의가 이상론에 빠진 소수의 엘리트나 자기이익을 추구하는 판사에 의해 작동된다는 사실은 우리를 비참하게 만든다.

'사법적극주의'로 나오는 판결은 대부분 '사법진보주의judicial liberalism'에 빠진 법관이 내리는 판결이다. 이에 비해 '사법제한주의judicial restraint'에 기한 판결은 '사법보수주의judicial conservatism'로 보인다.

43

대개 여론은 언론을 통해 형성되고 증폭된다.

그런데 대부분의 언론은 여론형성에 객관적인 입장을 취하지도 않고 형성된 여론에 객관적인 태도를 보이지도 않는다.

게다가 요즘의 언론은 종사자들의 감정이 너무 많이 개입된다. 노동조합이 개입한 방송은 '노영방송勞營放送'이지 결코 공영방송公營放送이 아니다. 권력과 긴밀한 사주社主가 개입한 신문은 권력의 기관지에 지나지 않는다.(노동조합은 그 성격상 좌파 혹은 진보주의와 친할 수밖에 없다. 따라서 방송에 노동조합이 개입하는 것은 방송의 중립성을 직접적으로 해치는 것으로서 엄격히 차단되어야 한다.)

그래서 여론 중에는, 진영논리에 빠져 있거나 권력자와 부화뇌동附和雷同한 언론이 정치적 목적으로 생산한 것이 많다. 그게 아니라도 특정 의도를 가지고 여론을 증폭시키곤 한다. 문제는 오늘날 이렇게 해서 '만들어진' 여론이 국가 정책의 방향에 영향을 미치는 것을 당연하게들 생각한다는 것이다.

존 스튜어트 밀은 '대중 여론이 개인의 자유에 거대한 위협이 된다'고 했다. 그는 여론으로부터 개인을 보호하는 것을 정부의 임무로 보았다. 밀이 오늘날 한국 언론에서 뉴스의 생산과 그 선택이 어떻게 이루어지는지를 보았다면 말을 바꿨을 것이다.

"조작된 여론이 개인의 자유를 위협하는 것이 일반화된 사회는 결코 민주사회가 아니다."

44

공동체의 도덕적 타락을 막지 못하면 공동체는 와해된다.

예컨대 국가를 위해서 헌신하기는커녕 기본적인 의무를 회피한 자가 정치적 여론 형성에 개입하는 것을 허용해서는 안 된다. 공동체에 반反하는, 지극히 자의적恣意的이거나 이기적인 데 기초한 편견이 작용할 가능성이 매우 높은 까닭이다.

힘든 농사일이 하찮다고 기피하며 무위도식하는 자가 소출所出이 적다고 타박하는 사회는 불량한 사회다. 그런데 이와 유사한 일이 너무 많이 일어난다. 예컨대 어떤 이유로든 병역을 거부하고 군을 적대시했던 자가 안보문제에 개입하는 경우다.

이를 용인한다면 공동체의 정의는 어디에서 찾을 것인가? 더 나아가서 반국가활동에 가담했던 자가 국가의 정책결정에 개입한다면 그건 국가의 존엄을 포기하는 일이 된다.

그래서 공동체에 대한 의무를 다하지 못한 자는 공직을 맡는 것을 제한하는 것은 물론이거니와 공적公的인 발언권도 제한하는 것이 옳다.

이것은 결코 개인의 권리를 침해하는 것이 아니다. 공동체를 위한 가장 기본적인 의무를 다하지 않은 자가 공동체에 영향을 미치는 것이야말로 공동체의 도덕적 타락을 방기放棄하는 것이다.

우리 사회는 공적인 의무를 회피한 자에게 너무 관대하다. 예컨대 고의로 병역을 면탈한 자가 국회의원이나 국무위원이 되는 걸 용인하는 것이 대표적이다. 심지어 대한민국에 적대적인 행동을 한 자들이 국회의원으로 있는 것을 어떻게 이해해야 하는가? 우리 의회에는 북한의 김일성 일가를 장군님이라고 부르면서 숭배한 자들이 의원으로 있다.

45

민주정치는 곧 정당정치政黨政治, party politics다. 정당과 정당이 이념으로 싸우는 것이며, 이를 통해서 대중의 다양한 이해利害를 결집하거나 정책으로 대중을 설득하는 과정이다.

정당은 이념과 정책을 실천할 목적으로 뭉쳐서 정권을 획득하기 위한 결사체다. 그런데 정당이 이념으로 뭉치지 않고 보스를 중심으로 사적私的인 동기로 뭉쳤다거나, 지역을 기반으로 뭉친 것이라면, 그건 정당이 아니라 패거리에 지나지 않는다. 좋게 보아도 협회協會 정도다. 정당 간의 싸움도 이념에 바탕을 둔 정책으로 하는 것이 아니라, 오로지 상대를 이길 목적으로 인기에만 의존하게 된다.

그런 싸움은 선악善惡이나, 타당성을 두고 벌이는 것이 아니다. 인기영합이라는 목적이 앞서기 때문에 '누가 다수多數의 편이냐'를 따지는 단순한 숫자의 싸움이다. 결국 다수는 항상 정의가 된다. 다수는 늘 옳으므로 소수少數의 발언권은 제한되고 그 이익은 고려되지 않는다. 정당정치의 원리인 '소수의 존중'은 처음부터 없다.

그래서 모든 정당이 다수의 편에 서는 경우도 나온다. 가장 극단적인 경우는 '99퍼센트의 정의'다. 이런 집단적 공격은 정당성을 따질 필요조차 없지만, 만약 공격받는 1퍼센트가 이른바 기득권이라 불리는 우월한 위치에 있다면 99퍼센트는 쉽게 정당성을 획득한다.

그러나 1퍼센트의 강자強者가 힘을 남용했다면 그를 향한 분노는 정당하겠지만, 자신보다 우월한 자를 향한 공격에 쾌감을 느끼는 것에 불과하다면 그건 폭력이자 야만野蠻일 뿐이다.

그런데 이 둘은 대개 복합적으로 일어난다. 그 1퍼센트가 겸손하고 선한 강자強者라도 선동된 대중 앞엔 속수무책일 수밖에 없다. 여기서부터 집단주의集團主義는 시작된다.

문제는 99퍼센트에 대한 선동이 언제든 마음만 먹으면 가능하다는 것이다. 더 정확히는 '조작造作된 다수'다. 조작이 생각보다 쉬운 건 기득권이라고 불리는 집단이 늘 소수이기 때문이다.

이런 여론조작輿論操作, 대중조작大衆操作, mass manipulation이 가능한 이유는 민주주의가 '다수결多數決, majority rule'에 바탕을 두고 있어서다. 대개 정치는 이런 조작을 하는 공격과 방어기술이다.

정치인이 '정치는 예술이다'라고 하는 이유다.

45-1

정치는 모두가 부정의不正義라고 믿어왔던 것이 태연하게 정의로 통용하는 걸 보게 만드는 기술이다.

처음에는 모두가 부인하던 것을 언론의 테이블 위에 올리면서 조작操作은 시작된다. 몇 사람이 그 부정의에 가담하면 논리가 생기고 그런 논리에 대중이 가담하면 마침내 정의로 둔갑한다. 그런 조작은 명백한 조작造作이다.

우리는 그런 사례를 너무 많이 겪어왔다. 대표적인 예로서 91.5 퍼센트의 지지를 받았던 '유신헌법維新憲法'을 들 수 있다. 또 한 예로 김대중 대통령이 김정일에게 4억 5천만 달러의 뇌물을 주고 남북회담을 성사시킨 것이 밝혀졌을 때, 그 뇌물공여를 통치행위라는 논리로 조작한 것을 들 수 있다. 놀라운 것은, 그런 부정의를 정의로 둔갑시킨 다수가 부정의를 탄핵하며 정의를 지키는 소수를 진정으로 경멸한다는 사실이다.

집단최면集團催眠은 이처럼 무섭다. 그들에게는 승자는 곧 정의인 것이어서 패권주의霸權主義는 미덕이 된다. 이런 일이 빈번히 일어나는 사회는 곧 타락한 민주주의 사회다. '소수는 늘 옳다'는 톨스토이Lev Tolstory가 틀릴 수도 있는 사회인 것이다.

45-2

대중은 선동煽動에 약하다.

선동이 선전과 다른 점은, 선동이 단순히 이념이나 정책을 알려서 공감대를 넓히는 게 아니라 암세포가 스스로 증식하는 것처럼 그 대상이 다시 선동의 주체가 되는 것이다.

그래서 선동에는 대중을 격동시키는 '그 무엇'이 필요하다. 가장 많이 쓰이는 방식은 바로 '대중을 분노하게 하는' 것이다. 대개 대중은 분노할 수 있는 적敵이 있을 때 뭉친다. 적 앞에서는 모두가 동지인 것이다. 정치인들이 편 가르기를 시도하는 것은 바로 그 적을 만드는 것이다.

편 가르기는 한쪽을 '사악한 가해자'로 다른 쪽을 '억울한 피해자'로 보이게 한다. 노무현 정권 당시 가진 자와 못가진 자, 그리고 배운 자와 못 배운 자, 심지어 강남과 강북으로 편 가르기를 한 게 대표적이다.

시대를 막론하고 못 가진 자와 못 배운 자가 절대다수다. 실제 그렇지 않더라도 대중은 늘 피해의식을 가지고 있기 때문에 어느 경우에도 배운 자와 가진 자가 다수가 될 때는 없다. 그래서 편 가르기가 진행되면서 가진 자와 배운 자조차 반대편을 기웃거리는 일이 벌어진다.

그 사례가 '경제민주화'를 두고 벌인 논쟁이다. 선거판에서 '경제민주화'라는 정치적 구호를 내세우면서 저소득층을 자극하는 것은 편 가르기에 다름 아니다. 중산층을 붕괴하게 만든 정책의 오류는 절대 말하지 않는다. 다만 재벌 때리기로 일관할 뿐인, '1퍼센트 대 99퍼센트'의 편 가르기에 지나지 않는 선동만 있을 뿐이다.

'후진적後進的 민주주의'일수록 정치인은 이런 선동의 유혹에 쉽게 빠지고, 언론은 그 정치인을 조명한다.

46

개인보다 대중을 속이기는 훨씬 더 쉽다.

누구나 자신의 이익에 관련된 일은 세밀히 살피지만 전체의 이해가 걸린 일은 그리 따져보지 않기 때문이다. 또 진실은 언제나 엉성해 보이지만 거짓은 구체적이기 때문이다. 그런 결과, 진실이 엉터리처럼 보이고 거짓으로 가득한 공약은 무지개처럼 아름답게 보이게 된다.

공동체에 대한 아무런 헌신이 없는 자, 의무를 다하지 않은 자, 공동체에 대한 어떤 고민도 해 보지 않고 아무런 비전도 가지지 못한 자들이 쏟아내는 온갖 감언이설이 그것이다. 그런 자들의 말로 이루어지는 정치가 어찌 희극喜劇이 아니겠는가.

문제는 대중은 큰 거짓말에 더 잘 넘어간다는 것이다.(아돌프 히틀러는 '대중이란 작은 거짓말보다 큰 거짓말에 더 잘 속는 법이다'라는 유명한 경구를 남겼다.) 작은 약속들과는 달리, 큰 약속은 그걸 따져볼 능력이 대중에게는 없는 것이다. 대개 큰 거짓말은 거대담론巨大談論의 형식을 띠고 있기 때문이다. 언론은 그런 거대담론들을

'정치인의 비전'으로 포장하기 바쁘다.

결국 린든 존슨Lyndon Johnson 대통령의 말처럼 '큰 거짓말을 하는 자일수록 큰 권력을 잡는다.'

사실 존슨이야말로 '가장 큰 거짓말을 한 정치인'으로 의심받는다.

그 첫째는 음모론이다. 존슨은 교사 출신으로 대통령이 된 입지전적인 인물이다. 그러나 그보다는 아이젠하워Dwight Eisenhower 정권 당시 6선으로 민주당 상원 원내총무가 되어 의회를 조종한 노회한 정치인으로 기억된다. 존슨은 1960년 대통령후보 지명전에서 케네디John F. Kennedy에게 패한 뒤 부통령이 되었으며, 1963년 11월 케네디가 댈러스에서 암살당하자 비행기 기내에서 대통령직을 승계했다. 케네디의 암살과 존슨의 승계에 대해서는 아직도 마피아가 관련된 음모설이 나돈다.

둘째는 그의 진보정책이다. 그는 1964년 대통령선거에서 '위대한 사회Great Society'를 내걸고 압도적인 지지를 받았지만 4년 뒤 로버트 케네디에게 밀리면서 재선 출마를 포기했다. 그가 주창한 '위대한 사회'의 결과는 처참하다. 베트남 전쟁은 확대일로를 걸었고 경제는 추락했다. 고등교육의 보편화로 실업자는 양산됐으며 범죄율은 가파르게 상승했다. '위대한 사회'는 '위대한 거짓말'로 남았다.

47

대중은 언제든 선동의 대상이자 조종의 대상이다.

'대중은 현명하다'는 말은 인기를 얻기 위한 듣기 좋은 정치적 수사修辭에 지나지 않는다. 대개 그런 말을 입에 올리는 자는 '대중은 언제든 조종할 수 있다'고 자신하는 정치공학政治工學의 맹신자들이다.

선동을 통한 정치공학이 성공한 전례는 너무 많다. 1930년대 세계에서 교육수준이 가장 높았던 독일에서 나치스가 당당히 선거를 통해 집권했다. 가까이는 불과 40년 전, 문맹률이 아주 낮았던 대한민국에서 유신쿠데타가 일어났다.(당시 '유신헌법'은 명백하게 민주적 기본질서를 훼손한 '유사헌법類似憲法'이었는데도 91.9퍼센트의 투표율에 91.5퍼센트의 지지를 받았다.)

선동이 없었다면 그런 일들이 일어날 수 있었겠는가? 2004년 노무현 대통령 탄핵파동과 2007년 광우병 소고기 파동 때 촛불을 들고 광화문에 몰려나온 시민들이 모두 자신의 독자적인 판단에 의해 행동했다고 한다면 그건 명백한 거짓이다.(당시 국회가 노무현 대통령 탄핵결의안을 의결하자, KBS를 비롯한 모든 방송은 종일 광화문

시위현장을 중계하다시피 하면서 탄핵에 반대하는 의견을 집중해서 내보냈다. 방송은 심지어 촛불시위 현장을 안내하면서 참여를 독려하다시피 했다.)

이처럼 감성적이고 변덕이 심한 대중은, 어쩌면 민주주의를 혐오하는 자들이 기도企圖하는 대로 선거를 통해 '합법적으로' 사회주의를 선택할지도 모른다는 소름끼치는 예감이 든다.

그런 일이 벌어져도 비굴하게 아첨을 떠는 학자들이 긴 줄을 설 것이다.

47-1

정치판에서 가장 효과적인 선동은 파시즘적 선동이다.

역사상 선전과 선동에 가장 유능했던 자는 아돌프 히틀러다. 히틀러는 민주주의 국가에서 폭력에 의존하지 않고 선동으로 집권한 최초의 인물이다. 그는 지적 수준이 아주 높았던 독일 국민을 단시간에 선동했다.

히틀러의 선동술은 그의 사후死後 수많은 후진적 민주주의 국가의 통치자에게 '영감靈感'을 주었다. 오늘날 민주주의가 성숙한 나라에서까지 파시즘적 선전이 난무하게 된 이유다.

파시즘은 '집단의 가치'와 '국가의 권위'를 추구한다. 그 방법이 의지박약하고 열등한 대중을 선동해 그 행동을 조절하는 것이다. '눈물과 불과 피'가 순차적인 선전도구로 쓰인다. 그렇게 해서 조종되는 대중을 '무리'라 하고 대중의 태도를 '무리 근성herd mentality'이라고 부른다.

우리 정치판에 이런 파시즘적 경향은 없는 것인가? 정치 지도자가 대중에게 눈물을 보이고, 촛불을 들고 집회에 나서는 건 잘 꾸

며진 각본에 의한 것은 아닌가?

만약 그렇다면 정치 지도자들이 보이는 일련의 행동들은 시민을 '무리'로 보는 것이다. 예컨대 의원들이 의사당을 팽개치고 거리투쟁에 나선다거나 정치적 의사를 관철하기 위해 단식과 삭발 같은 선동적 행동을 하는 것은 대중을 조종하기 위한 것이 아닌가?

그 답은 우리 모두가 알고 있다.

파시즘은 하나의 경향tendency이다. '파시즘은 이념ideology인가?' 하는 문제에 대해 나는 『자유의 적들』에서 부인하는 취지로 글을 썼다. 좌파 정치학자와 정치철학자들은 대개 이와 반대로 20세기의 중요한 이념이라고 한다. 예컨대 국가조합주의 정당인 스페인의 팔랑헤당Falange Española도 파시즘으로 분류하는 것이다. 파시즘적 선동에 능숙한 좌파들을 파시스트와 구별하여 그들이 관대하게 대하는 것은 이런 까닭이다.

47-2

대중을 선동하는 가장 효과적인 방법은 '정서情緖의 통일'이다.

그리고 대중집회야말로 대중의 정서를 한 곳으로 묶는 것이다. 미디어가 발달한 오늘날에도 대중집회를 통한 선거 캠페인을 벌이는 이유다.

히틀러는 대중집회를 잘 이용한 선동가였다. 1933년 86세 노령의 힌덴부르크Paul von Hindenburg로 부터 총리에 지명되면서 권력을 장악한 히틀러는 이듬해 뉘른베르크에서 전당대회를 연다. 횃불 아래 20만 명이 운집한 집회에서 그는 불이야말로 사람을 격동시킨다는 사실을 증명했다.

대중의 정서는 통일됐고 '지도자의 직관直觀'이 모든 것을 지배했다. 1936년 그 바탕 아래 열린 베를린 올림픽은 세계에 히틀러를 '합리적인 지도자'로 각인시키는 효과를 냈다.

우리 대선 캠페인도 한때 100만 명이 넘는 대규모 군중을 모아 세를 과시하곤 했다. 1987년 선거와 1992년 선거가 그랬다. 군중은 동원됐고 엄청난 비용이 들었지만 '대세론大勢論'을 전파하고 모인 군중을 열렬 운동원으로 만든 효과는 컸다.

대부분의 정치인은 이런 '선동 캠페인'의 유혹에서 쉽게 벗어나지 못한다. 선동은 민주주의를 왜곡하는 것이지만, 한편 정치인의 눈으로 보면 이런 캠페인의 결과 역시 정당한 민의의 표출이기 때문이다.

48

정치적 광신狂信은 민주주의를 죽이는 치명적 전염병이다.

어느 종교든 신심信心이 깊은 걸 넘어 광신하게 되면 그 종교의 도그마dogma를 완전무결한 것으로 생각한다. 기독교원리주의자가 헌법마저도 성경에 맞춰 해석하는 것이 한 예다. 이런 경우 다른 신앙을 가진 이는 모두 마귀나 사탄 같은 적敵이거나, 구제받을 수 없는 불치의 죄인이다.

정치도 마찬가지다. 정치인에 대해 광신도적 집착을 보이는 경우는 대단히 심각한 문제를 일으킨다. 광신에 빠진 대중은 자신의 살아있는 우상에 대한 맹목적인 노예다.

그런 광신도 집단의 생각은 획일적이고monolithic 단순하다. 게다가 일원적이다monistic. 좀처럼 치유할 수 없다. 자신의 우상이 터무니없는 정책과 비도덕적인 행동을 보여도 한번 미쳐버린 광신도들은 조금도 개의치 않는다. 우상의 추악한 실태는 미화되거나 감춰진다. 더 나아가 우상의 직관이 모든 것에 앞선다non intersubjective.

문제는 그 우상이 권력을 쥐었을 때 파리 떼처럼 달라붙는 자들이다. 정상배들이야 원래 그런다 치더라도 교수 학자 같은 지식인들도 권력의 단물을 조금이라도 빨기 위해 자발적으로 그런 광신에 빠진다.

어떤 백신vaccine으로도 막을 수 없는 광신이라는 질병을 지식인들이 앞장서 확산시킨 것은 불가사의하기까지 하다.

49

정당은 이제 수요가 사라지고 있는 상품이다.

다양한 미디어가 등장하고 심지어 일인 미디어가 확산되면서 정당의 필요성이 줄어들고 있다. 굳이 정당의 조직이 아니라도 선거참여가 가능해진 것이다.

정당정치의 미래가 의심받은 건 오래전부터다. 몇몇 미래학자들은 정당정치의 붕괴가 필연적이라고 한다. 미래에는 정당보다는 선거 캠페인을 위한 1회용 정치조직이 등장하고 정권이 끝나면 해체하는 일이 보편화될지 모른다. 그래도 그것이 우리 패거리 정치와 다른 건 이념과 정책으로 뭉친다는 점일 것이다.

문제는 정치에 대한 냉소가 커지고 무관심해지면서 기간基幹당원이 줄어들고 정당 조직의 기반이 사라지는 것이다. 정당의 정책에 대중의 관심이 격감하면서 정치를 '제3자의 영역'으로 치부하게 되면 정당정치는 종언終焉을 고할 수밖에 없다.

정당정치의 역사가 오랜 서구에서는 그 전조前兆로 정당의 이념 스펙트럼이 넓어지는 한편 정당 간 경계도 희미해지고 있다. 사실 문명의 발전과 함께 이런 현상은 가속화된다. 정치인의 자질이 떨어지면서 부패가 확산되는 것도 한 원인이다. 정부가 시스템화되어가는 것 역시 이 현상을 부추긴다.(시스템화된 정부에서는 정치의 역할이 작아진다.)

더욱이 정치보다 더 흥미를 끄는 일이 늘어나고 정치보다 자신의 삶에 더 영향을 미치는 영역이 증가하면서 정치에 대한 관심은 급격히 줄어든다.(예컨대 새로운 문화의 유입이나, 다국적 기업이 미치는 영향 같은 것이다.)

어쩌면 우리는 제대로 된 정당정치를 경험하지 못할 것이다.

50

우리는 무엇으로 투표하는가?

공화주의자들은 자기 이익보다 공동선共同善을 위해 지도자를 선택한다. 마키아벨리, 몽테스키외가 대표적인 공화주의자다. 멀리는 플라톤의 철인정치를 수용한 아리스토텔레스가 여기에 속한다.(공동선은 공공선公共善과 거의 대등한 의미이나 개인의 이익의 집적集積이라는 의미가 보태진 것이다. 오늘날 공화주의가 곧 민주주의는 아니다.)

그러나 자유주의자들은 '인간은 자기 이익을 좇아 지도자를 선택한다'고 믿는다. 시민 각자의 이익을 총합하면 공익이나 공동선에 접근한다는 것이다. 당연히 자신의 이익에 부합하는 정책을 낸 후보자에게 투표한다.

한때 공화주의를 흉내 냈던 집단주의자들은 '집단의 이익'을 내세운다. 그러나 그 생각이 근본적으로 공화주의와 거리가 먼 것은, 집단의 이익이 공동선을 향하지만은 않는다는 점 때문이다. 집단의 이익은 결코 공동체 구성원들 전체의 이익이 아니라 '다수의 이익으로 의제擬制된 소수의 이익'에 불과하기 때문이다.(예컨대 무상급식은 전체에게 무상으로 급식하는 것이지만 공동체의 세금으로 하는 것이므로, 실제 무상에 해당하는 부분은 소수의 빈곤층에 불과하다.)

이 치명적인 결함은 집단주의의 여러 정책들이 하향평준화를 통해 삶의 질을 떨어뜨렸던 데서 쉽게 확인된다.

그렇다면 지금 우리 정치판에 넘쳐나는 진영논리는 무엇을 위한 것인가? 장담하건대 집단주의자 역시 투표소 안 선택지 앞에 섰을 때는 '누가 자신에게 도움이 될 것인가'라는 이기적 기준이 유일한 판단이유가 된다는 것이다.

51

역사를 읽는 이유 중 하나는, 오류를 반복하지 않기 위해서다.

그런 뜻에서 우리는 1960년대 남미南美의 타락한 문민정부들로부터 아무런 교훈을 얻지 못한 것인가? 단언하건대 우리 문민정부가 역시 군사정부보다 외관적으로 성공을 거둔 정부는 없다.

경제는 동력을 잃었고, 중산층이 줄면서 빈부격차와 함께 갈등은 커졌다. 결과적으로 사회의 분열은 확대됐다. 교육의 질은 낮아졌고 범죄율은 가차 없이 증가했다.

무엇보다도 계층 간의 이동이 어려워졌다. 빈곤층이 고착화固着化하기 시작한 것이다. 정치적 자유를 제외한다면, 삶의 질이 전반적으로 떨어진, 이 철저한 실패는 민주주의의 비효율을 감안하더라도 이해할 수 없을 정도다.

이런 문민정부의 실패는 통치자의 자질 부족이 가장 큰 이유다. 문민정부에서 숭배받았던 통치자들은 예외 없이 국가적 어젠다에 대한 이해가 모자랐다.

정책 결정권자가 결정을 내릴 정도의 지식과 판단력을 갖추지 못했던 탓에 간신배와 아첨꾼들이 늘어났다. 통치자가, 현실감각이 결여된 교수와 무능한 관료가 중심이 된 참모진에게 의존하면서 즉흥적인 정책이 늘어나 정책실패를 자초했다. 무엇보다도 공사公私를 구분하지 못한 통치자의 도덕성은 자신과 가족, 측근의 부패를 키웠다.

우리는 여기에서 교훈을 얻어야 한다.
'철학이 없고 지식이 부족한 통치자는 짧은 시간에 국가를 타락시킨다.'

문민정부들이 실패한 또 하나의 이유는 통치자들이 예외 없이 박정희 대통령과 경쟁했다는 점이다. 박정희와 같은 안목과 결단력을 갖추지 못한 채 5년의 짧은 임기에 '박정희처럼 역사에 이름을 남기고 싶다'는 욕구로 정책을 전단專斷했다. 가장 대표적인 사례가 6.15선언과 10.4합의다.

52

현재권력은 나쁜 권력이다. 그것도 언제나 나쁜 권력이다.

모두를 만족시키는 정책은 없거니와 모든 사람을 지지자로 끌어들이는 정책도 없다. 그런 까닭에 현재권력에 대한 비판은 언제나 거세다.

그래서 여당에 대해 우호적인 야당은 식물정당植物政黨이란 비아냥을 듣는다. 권력을 비판하지 못하는 야당은 차라리 여당과 통합하는 것이 옳은 길이라는 것이다.

정치 무대에서 야당은 사실 여당보다 훨씬 더 재미있는 역할을 맡고 있다. 여당은 많은 국민들이 못마땅해하는 '치적治績'을 홍보해야 하고 정부의 온갖 잘못들을 변명해야 하지만 야당은 별다른 책임을 지지 않으면서 언제나 비판만 하는 역할을 맡고 있기 때문이다. 게다가 그 비판에 동조하는 많은 지지자들도 있다.

그러나 무조건적인 선명투쟁鮮明鬪爭은 스스로 대안정당代案政黨이 못되는 것을 증명하는 일이 된다. 특별한 비전이나 구체적인 정책 없이 거대담론을 말하는 것은 자신의 무능력을 드러내는 것밖에 되지 않는다.

그런데도 우리 정치판에서 거대담론을 말하기 좋아하며 선명투쟁이 야당성을 높인다고 착각하는 이들이 많다. 그런 일에는 별다른 공부가 필요하지 않기 때문이다.

야당이 제대로 이념을 갖추지 못하고 정책을 공부하지 않는다는 건 우리 정치를 왜소하게 만드는 요인이다.

53

선거는 권력에 대한 지지와 저항의 표시다.

민주주의 국가에서 용인되는 저항의 수단은 생각처럼 많지 않다. 비민주정非民主政에서는 헌법학적으로 저항권抵抗權이 광범위하게 인정되지만, 민주정에서는 저항권이 작동될 정도의 헌법파괴 행위는 거의 없다.

그래서 민주정에서 정책집행에 대한 저항은 주로 선거로써 행해진다. 합법적 시위나 불복종보다, 선거는 용이하고 확실한 저항 수단이다.(대통령 임기 중에 치러지는 총선 등의 선거는 '중간평가'의 성격을 띤다. 중간평가는 언제나 여당이 불리하다.)

그러나 투표로 행하는 저항은, 선동과 그로 인한 중우정치가 횡행하게 되면 '참작할 만한 소수의견' 정도로 치부될 뿐이다. 일찍이 존 스튜어트 밀은 이를 염려해 '보통선거'에 회의를 나타냈다. 대중은 결코 현명하지 않아서 선동에 약하기 때문에 독자적으로 정의로운 행동에 나설 수 없다고 본 것이다.

교육열이 세계 최고이며 정치에 대한 관심이 아주 높은 이 나라에서, 대중이 선거로써 정치를 징벌하지 못한 것은 그런 연유에서다. 그래서 포퓰리즘으로 국가를 망친 정치인들이 아무런 두려움 없이 다시 포퓰리즘적인 정책에 치중한다.

선동은 이처럼 무섭다. 누구나 다중의 의견에서 소외되지 않으려 하는 성향을 가지고 있어서 선동은 먹혀든다. 그렇게 보면 정치도 일종의 '패션fashion'이다.

이런 병적인 유행, 포퓰리즘에 맞서는 자는 늘 소수少數다.

54

통치자를 선택할 때는 결점이 적은 통치자를 뽑는 것보다 장점이 많은 통치자를 선택해야 한다.

결점이 적을수록 무능한 자거나 자신의 경력에 오점이 생길까 두려워 아무 일도 할 수 없었던 자일 가능성이 높다. 이런 자들이 통치자가 되면 국가는 반드시 좌초坐礁한다.

결점이 전혀 없는 인간은 없다. 아무런 잘못도 저지르지 않은 무오류無誤謬의 인간은 존재하지 않는다. 성인聖人도 그런 무오류의 삶을 살 수는 없다. 정도의 차이는 있지만 누구나 결점은 있는 것이다.

가사 무오류의 삶을 산 자가 있다면 그 무오류야말로 지도자로서 큰 결격사유일 것이다. 그런 자는 인간에 대한 이해와 사회에 대한 성찰省察이 절대적으로 부족해서 관용을 발휘하지 못한다.

사실 위대한 통치자들은 그리 도덕적이지 않았다. 냉정하고 잔인한 자들이 더 큰 성공을 거두었다. 그들은 뻔뻔하고 음흉하고 파렴치하기까지 했다.

링컨은 게티스버그 연설을 하기 전에는 노예제도를 찬성했다. 처칠은 복수심에 불타 드레스덴의 시민에게 기총소사를 허용했다. 아데나워는 음모로써 정적들을 제거했다. 트루먼Harry Truman은 패망 직전의 일본 도시에 원자탄을 사용했다.

그러나 링컨은 노예를 해방시켜 정의를 회복했고 처칠은 영국민을 단합시켜 2차세계대전을 승리로 이끌었으며 아데나워는 폐허의 독일을 다시 일으켜 세웠다. 트루먼은 태평양전쟁을 종결시켰다. 그들은 결점보다 훨씬 더 장점이 많았다.

55

실패를 경험하지 않은 자의 통치는 위험하다.

통치자로서의 결격사유를 들라면 나는 무엇보다도 '실패해 보지 않은 사실'을 꼽겠다.

살아가면서 누구나 어려움에 봉착하고 역경을 만난다. 그리고 대부분은 한두 차례 실패를 맛본다. 자신의 능력이 부족했거나, 잘못 판단했거나, 최선을 다하지 못하고 한눈을 팔았거나, 남에게 속았거나, 그도 저도 아니라면 운명적으로 실패라는 수렁에 빠져든다. 그것이 인생이다.(삭지 않은 음식은 잘 '썩는다.' 정치인도 이와 같다.)

지혜는 그런 실패를 극복하는 과정에서 체득하는 것이다. 실패는 인내를 가르치고 위기에서도 최선을 다하는 품성을 키운다. 무엇보다도 실패한 경험은 인간에 대한 이해를 넓힌다. 그래서 '실패는 성공의 어머니'다.

그런데 대부분의 정치 지도자는 성공만을 거듭한 자다. 지도자가 아니라도 대개 정치인의 정치 입문은 다른 분야에서 성공을 거둔 것이 계기가 된 것이다.

어느 분야에서든 성공은 본인의 재능과 노력이 바탕이 되지만 행운도 따라야 한다. 그런 성공을 거듭한 행운아에게는 타인에 대한 이해가 없고 배려가 없다. 자신처럼 성공하지 못한 자들에 대한 우월감과 선민의식選民意識으로 차 있다. 당연히 통치자에게 필수적인 관용도 없다.

가장 문제되는 것은 언제나 자신의 결정이 옳고 정당하다고 믿는 독선獨善에 쉽게 빠진다는 것이다.

그런 자에게 통치받는다는 것은 곧 지옥이다.

56

대통령직은 대단히 위험한 자리다.

무능하거나 사익私益에 눈먼 자가 그 자리에 오르면 국가는 대통령과 동반하여 타락한다.(문민정부가 하나같이 타락한 이유다.)

대통령제는 권력의 '견제牽制와 균형均衡'에 가장 충실한 제도로서 장점이 많은 통치구조다. 가장 큰 장점은 소신 있는 행정과 함께 국가의 안정을 기할 수 있다는 것이다.

그러나 권력이 대통령에게 집중되어 독재로 변질될 가능성이 매우 높다.(후진적 민주주의의 대통령일수록 권력은 대통령에게 집중되고 책임 소재는 불분명하다.) 대통령은 국가의 지도자이면서 한편 소속 정당의 우두머리라는 양면성을 가지고 있어서 일당독재一黨獨裁의 길도 열려 있다.

흔히 개헌론자들은 우리 헌법이 '제왕적 대통령'제라고 주장한다. 그러나 이 말은 무지하거나 못난 정치인이 하는 말이다.

우리 헌법은 제왕적 대통령은커녕 허수아비 대통령이 되기 좋은 헌법이다. 대통령은 국회의 동의를 얻어 총리를 임명하고, 총리의 제청이 있어야 국무위원을 임명한다. 바꿔 말하면 내각 구성부터 철저히 국회의 통제를 받는 것이다. 사실상 의원내각제를 도입한 것으로, 이대로라면 국회 다수당에서 총리를 내야 한다.(대통령제를 하는 나라에서 국무총리는 예외적이거니와 국회의 동의를 얻게 한 것은 내각제를 가미했다고 볼 수밖에 없다.) 그러나 87체제 이후 대통령들은 단 한 차례도 헌법을 지키지 않았고 누구도 반발하지 않았다.

결국 제왕적 대통령은 헌법 때문이 아니라 무능하고 무지한 정치인들이 만든 것이다

이런 까닭에 대통령제가 성공하기 위해서는 시민이 '자유와 정의에 대한 확고한 신념'으로 무장해야 한다. 즉 민도民度가 뒷받침되어야 하는 것이다. 그리고 공적公的 봉사정신으로 충만한 참모진도 필수적이다.

무엇보다도 '언제든 통치자에게 질문할 수 있는' 언론의 자유를 비롯해 표현의 자유가 보장되어야 한다. 권력자에게 질문할 수 없는 국가는 민주국가가 아니다.(가장 오래 백악관을 출입했던 노老기자 헬런 토머스는 "권력자에게 질문할 수 없는 사회는 민주사회가 아니다"고 말했다.)

사실 대통령제 국가의 대부분은 성공적이지 못했다. 많은 경우에 대통령들은 독재의 길을 걸었다.(레벤슈타인Karl Loewenstein은 『미국 밖의 대통령제』에서 '미국의 대통령제가 수출된 나라는 예외 없이 죽음의 키스로 변했다'고 썼다.) 그런 나라들은 당연히 대중이 정치에 무관심해지면서 정치참여도 줄어들었다. 결국 군사독재와 무능한 대통령제가 악순환처럼 반복됐다.

통치자가 이런 위험성을 스스로 제거하는 방법은 딱 하나뿐이다. 그건 통치자 스스로 다양한 반대의견을 듣고 또 반대자를 설득하는 것이다.

대통령 임기 5년은 대통령에겐 정말 짧은 시간이다. 좋은 대통령이라면 시간을 감지할 여유조차 없다. 나쁜 대통령이라도 권력을 향유하는 시간은 번개처럼 흐른다.

그러나 나쁜 대통령에게 통치받는 국민에겐 5년은 너무 긴 시간이다. 감옥 속의 시간처럼 천천히 간다.

57

대중은 자신들이 원하는 것을 정확히 알지 못한다.

대중은 결코 이성적이지 않은, 감성이 좌우하는 집단이므로 정책에 대한 냉정한 판단보다는 우선 눈앞의 이해득실에 더 관심이 높다. 예를 들어 복지 문제를 보자면 대중은 자신과 연관되는 복지 분야에만 관심을 쏟을 뿐, 복지체계나 재화의 효율적인 배분, 더 나아가 복지에 필요한 재원財源에는 아무런 관심이 없다.

이런 까닭에 정치인들이 포퓰리즘에 빠져 불순한 공약을 남발하는 것이다.

사실 대중은 게으르다. 자신과 별 상관없는 정치적 어젠다로 누가 골머리를 썩이고 싶어 하겠는가?

그래서 자신에게 당장 부담으로 작용할 정책이 아니라면, 막상 대중이 정치적 관심을 가지는 건 기껏 정치인의 치부恥部 같은 것들이다. 정치인이 등장하는 '선정적煽情的인 드라마'야말로 대중의 구미를 돋우는 '살아있는 정치'인 것이다.

그런 치부를 들여다보는 관음행위觀婬行爲는 '검증'이란 명분을 달고 있지만, 그건 검증이라기보다 인신공격에 가깝다. 당연한 결과로 자질이나 품성보다 선정적인 스캔들이 선거 결과를 좌우하는 일이 잦아진다. 후보자의 정책은 도외시하고 선거는 저급한 인기투표로 전락하는 것이다.

민주주의가 병드는 것은 결국 주권자인 대중의 태만怠慢 때문이다.

57-1

민주주의는 권력의 공유를 의미한다.

권력을 공유한다는 것은 권력이 공동체의 구성원에게 있다는 뜻이다.

민주주의는 또 한편 '권력의 정당한 행사'를 의미한다. 권력이 시민으로부터 나왔더라도 정당하지 못하면 민주주의라고 할 수 없다. 91.9퍼센트의 투표율에 91.5퍼센트의 찬성으로 탄생한 '유신헌법維新憲法'도 민주주의 헌법은 아닌 것이다.

그래서 민주주의가 제대로 작동하기 위해서는 '자유와 책임을 다하는 합리적인 시민'이라는 조건이 붙는다. 그러나 현실은 다르다. 공동체의 의사결정에 개인의 참여는 사실상 막혀 있다.

한 개인에게 대부분의 공적 어젠다는 중요성이 매우 적거나, 관심을 가질 필요가 없는 것들이다. 설령 중요하다고 느낀다 해도 그것보다는 신경 쓸 일들이 너무 많다. 무엇보다도 자신이 그 어젠다를 두고 벌이는 논쟁에 뛰어들어도 어떤 영향도 미칠 수 없다는 사실이 정치적 참여를 단념하게 한다.

그런 까닭에 대중은 자신이 공화주의자일 경우에도 어떤 선택이 전체 또는 다수에게 이익이 되는지, 혹은 자신이 자유주의자라도 어떤 정책이 자신에게 이익이 되는지 알지 못한다. 알려고도 하지 않는다. 그런 상태에서 투표한다.

맨슈어 올슨Mancur Olson이 말한 '합리적 무지rationally ignorant' 상태에 놓여있는 것이다.(앤서니 다운스Anthony Dawns는 『민주주의 경제 이론』에서 유권자는 정치적 쟁점을 대개 알지 못하고 투표하는 경우가 많은데, 이런 행태도 합리적이라고 한다.)

58

오늘날 정치인은 하나의 상품이다.

잘 팔리는 상품과 잘 팔리지 않는 상품이 있는 건 마트의 상품과 마찬가지지지만, 좋은 상품이 소비자로부터 외면받거나 엉터리 상품이 베스트셀러가 되는 빈도는 마트에 놓인 상품보다 훨씬 높다.

좋은 상품으로 소비자에게 인정받으려면 우선 품질이 좋아야겠지만 품질을 쉽게 알 수 없는 경우 선전이 절대적으로 성패成敗를 좌우한다. 그래서 거짓 선전이 활개 치게 된다.

특정 브랜드를 달고 있을 때, 실질보다 더 높은 평가를 받는 것도 마트의 상품이나 정치인이나 똑같다. 양질의 상품도 나쁜 브랜드를 달고 있거나 선전이 신통하지 않다면 잘 팔리지 않는 상품으로 전락한다.

정치판이든 마트든 결론도 같다. 좋은 상표를 달고 온갖 속임수로 미화하더라도 질 나쁜 상품은 언젠가는 지탄의 대상이 되고 소비자로부터 외면 받게 된다. 고가高價에 산 물건도 쓰레기통에 들어간다. 불량 정치인도 마찬가지다.

하나 다른 게 있다면 불량 정치인은 역사에서 두고두고 웃음거리가 된다는 사실이다.

정치인이 마트의 상품과 또 하나 다른 점은, 마트의 상품은 산 뒤에 마음에 들지 않으면 언제든 버리거나 중고품으로 팔 수 있지만 잘못 선택한 정치인은 임기가 끝나기를 지루하게 기다려야만 한다는 것이다.

59

민주주의는 곧 법치주의法治主義다.

법률은 '우리가 합의한 정의'다. 그렇다면 법률에 의해 통치 받으면 우리는 민주시민인가? 더 나아가 시민의 이익과 통치자의 이익이 일치한다는 사실만으로 그 정부를 합법적 정부나 민주정부라고 부를 수 있는 것인가?

민주정부가 되기 위해서는 행정부 외에도 입법부와 사법부가 공히 선의善意와 정의에 기반할 뿐 아니라, 권력의 성립과정 전체가 시민의 참여 아래 이루어져야 한다.

이 말은 권력 창출에 '선의와 정의에 입각한' 시민의 의사가 총체적이고 평균적으로 개입할 뿐 그 외에 다른 요소들이 개입해선 안 된다는 뜻이다. 예컨대 군부의 무력이라든가, 부자들의 금력, 악의惡意를 가진 언론의 선동이 그런 것들이다.

그러기 위해서는 진정한 민주주의는 성숙한 시민의 존재와 함께 그 시민이 도덕성과 적정수준 이상의 판단력을 갖춰야 하는 것을 필요조건으로 한다.

그런데 그런 시민들로 가득 찬 사회는 세상 어디에도 없다. 대중은 공동체의 이익을 고려하기보다 오히려 개인적인 탐욕이 앞서는 존재다. 대중이 합의한 정의 역시 '탐욕에 찬 다수의 이익'을 앞세워 '소수의 이익'을 배제한 것이다.

그렇다면 그런 법률에 의한 지배가 과연 법치인 것인가, 아니면 법치의 탈을 쓴 억압抑壓인 것인가?

민주주의가 성숙하기 위해서는 이런 반성을 거쳐야 한다.

59-1

대중은 언제나 이기적인 존재다.

무정부주의자이자 원류 좌파인 프루동Pierre Joseph Proudhon은 모든 자유는 개인주의에 기반하고 있기에 개인주의를 배척하지 않았다. 마르크스 이후 모든 좌파들이 집단주의에 빠져 허우적댄 것을 볼 때 프루동의 생각은 놀라운 것이다.

사실 프루동은 루소의 공동체에 대한 생각과는 또 다른 공동체를 생각했다. 그는 제도의 폭력 외에도 다중多衆의 강제에 의한 폭력을 혐오했다. 루소의 '일반의지一般意志'는 그가 말한 취지와는 다르게 훗날 독재의 이론적 근거를 제시했고 '집단에 대한 개인의 필연적 종속'을 정당화했다.

누가 옳았을까? 공동체 구성원인 개개의 시민들이 모두 정의롭고 현명하다면 '일반의지'는 언제나 선하고 정당할 것이다. 거기에 입각한 정부는 언제나 민주정부일 것이다.

그러나 대중은 그렇게 현명하지 않다. 자신의 이익에 집착하고 선동에 휩쓸린다.

민주주의가 스스로 정의를 왜곡하는 이유다.

60

민주주의는 누가 파괴하는가?

권력교체기에 가장 바쁜 자들은 지식인이다. 새 권력에 줄을 대기 위해 동분서주한다. 물망物望에 오른 대선 후보자의 캠프가 차려지면 제일 먼저 그런 지식상인知識商人들이 드나든다. 교수 법률가 언론인 외에도 온갖 종류의 변설가辨舌家들이 보스에 연결된 끈을 잡기 위해 혈안이 된다.

그들이 보스에 하는 충성맹세는 곧 매춘賣春이다. 그것이 육체의 매춘과 다른 것은 궁지에 몰린 자의 절박한 교환이 아니라 탐욕에 의한 거래라는 것이다. 그러니까, 그들은 육체가 아닌 정신을 판다.

그러나 어느 매춘이나 다 그렇듯이 그 거래는 절개節槪와는 무관하다. 대가가 없거나 성에 차지 않으면 언제든 떠난다.

지식인은 도대체 '양심良心, conscience'이란 걸 가지고 있는 것일까?

캠프에 속한 언론인과 정치평론가들이 쏟아내는 비평은 대개 진영논리에서 나오는 말들이다. 당연히 정의는 변형되고 왜곡된다. 마치 진실인 양 포장하지만 속살은 자신의 신념과 색깔마저 버린 노골적인 아첨이다.(그런 자들이 너무 많으니 요즘은 정직한 평론을 내는 이를 만나면 눈물이 나올 정도로 반갑다.)

언론인이나 정치평론가는 정치 컨설턴트가 아니다. 사가史家의 사명이 진실을 기록하는 것이라면, 그들의 사명은 진실을 말하는 것이다.

그렇지 못한 지식인들이 파는 정의는 민주주의를 죽이는 바이러스다.

61

국회의원은 국민의 대표인가?

이 질문은 '우리는 민주주의를 하고 있는가?'라는 질문과 같은 질문이다.

헌법은 제8조에서 '정당은 그 목적, 조직과 활동이 민주적이어야' 한다고 규정한다. 그리고 '그 목적이나 활동이 민주적 기본질서에 위배될 때' 정부는 헌법재판소에 해산을 제소할 수 있다.

그렇다면 우리 정당들은 전부 해산 대상이다. 정당의 핵심적인 활동인 공천公薦이 민주적 기본질서에 위배되기 때문이다.

권력자의 의중대로 공천심사위원회를 만들어 밀실에서 공천을 자행한다면 그건 곧 공천이 아닌 '사천私薦'으로 너무 반反민주적이다. 권력자가 자의恣意로 의회를 구성하는 것을 용납하는 민주주의는 없기 때문이다.(우리가 유신헌법의 야만성을 언급할 때 빠지지 않는 것이 바로 대통령이 지명하는 국회의원이다. 정당의 보스가 자의적으로 하는 공천이 이른바 '유신정우회'와 무엇이 다른가?)

특히 당원의 의사나 유권자의 뜻이 전혀 반영되지 않는 비례대표의 공천은 헌법과 공직선거법의 취지에 반한 것으로 명백히 위법해서 '범죄행위'와 같다.

비례대표 선출을 위한 정당투표는 '국민의 대표성'을 부여하기 위한 형식적인 절차에 불과하다. 투표소에서 유권자가 받는 선택지는 개별적인 비례대표 후보자들이 아니라 정당의 이름뿐이어서 유권자는 권력자가 제시한 후보자와 그 순서에 꼼짝없이 구속되고 만다.

말하자면, 비례대표 의원들은 최소한의 '국민의 대표성'도 없기 때문에 의원자격이 전부 문제되는 것이다.(더욱이 비례대표제는 대통령제와는 맞지 않는 제도다.)

61-1

우리 선거는 정치판이 얼마나 민주주의를 왜곡하고 있는지, 그 왜곡에 지식인 나부랭이들이 어떻게 가담하는지를 잘 보여주는 증거이다.

무엇보다도 후보 선출과정이 민주적이지 않다. 기초선거 공천권은 그 지역 국회의원의 권리다. 국회의원 공천권은 당 내 권력자가 전적으로 행사한다. 그러면서도 외관적으로는 민주적 절차를 다하는 것처럼 위장한다.

보스가 뽑은 공천심사위원들은 허수아비다. 심사위원들은 밀실에서 혹시 보스의 심기를 헤아리지 못한 것이 아닐까 초조해하면서 '누가 보스의 충성스런 졸개인가'를 심사한다. 비슷한 힘을 가진 계파들이 있어서 보스가 여러 명이면 철저한 나눠먹기를 한다. 이 공천과정에 반발하는 자에게는 정치적 사망선고가 따라붙는다.(설사 이 책이 나온 뒤 '상향식 공천'제도로 바뀐다 하더라도 그 내용은 바꾸지 않을 것이다. 장담하건대 어떤 경우에도 진짜 공천은 밀실에서 이루어진다.)

사정이 이러하니 정책선거는 없다. 이미지 선거, 이벤트 선거, 나아가 '네거티브 선거'로 시종한다. 당연히 국민의 선택권은 제한된다. 이런 자들이 정치개혁을 말하고 '새 정치'를 주창한다는 것이 우습지 않은가?

그런데도 이런 이상한 일들이 민주주의라는 이름 아래 태연히 벌어지는 것은 언론이 제 역할을 다하지 못하기 때문이다. 오히려 언론부터 그런 사이비 민주주의에 가담한다. 그들에게는 정상적인 민주주의는 뉴스가 되지 않기 때문이다.

62

정치에 대한 불만은 왜 높아지는가?

가장 큰 이유는 정치가 대중과 유리遊離되어 몇 사람의 자의恣意에 의해 행해진다는 것이다. 또 하나의 이유로 주권자인 대중에게 제시되는 선택지選擇肢에 대한 불만을 들 수 있다. 선택지가 대중의 욕구를 제대로 수용하지 못하는 것이다.

그런데 선택지가 다양하다고 해서 그런 불만은 해소되지는 않는다. 대중의 욕구는 더 다양한데다가 실제 당선될 가능성이 높은 선택지는 많아도 두셋에 그치기 때문이다.

여기에 함정이 있다. 소비심리학자 배리 슈워츠Barry Schwartz는 『선택의 심리학*The Paradox of Choice*』에서 선택지가 많아지는 것이 소비자를 불안하게 한다고 쓰고 있다.

본시 '선택의 확대'는 곧 자유의 확대를 의미했다. 그러나 선택의 시스템이 많아지고 선택의 폭이 크다는 것은 오히려 인간을 조급하게 하고 자신의 결정을 후회하는 빈도를 늘게 한다. 아이스크림의 종류가 몇 개 되지 않았던 10년 전보다 그 종류가 몇십 개가 되는 요즘, 자기가 선택한 아이스크림에 불만을 가지는 비율이 훨씬 더 높아진다.

투표소의 선택지도 아이스크림의 종류와 같은 것인가? 정작 대중의 불만은 아이스크림처럼 기호嗜好에 관한 것이 아니라 후보자의 이념과 정책, 자질 등이 얽힌 복합적인 것이다.

그래서 진짜 문제는 선택지가 대부분 선택할 만한 가치가 없는 것이라는 데 있는 것이다.

62-1

앞으로 민주주의에 대한 최대 위협은 '정보의 과잉過剩'이 될 것이다.

오늘날에도 정보는 이미 과잉이다. 미디어의 다양화와 이로 인한 정보의 손쉬운 유통은 정보의 대량생산과 함께 빠른 전파傳播를 불렀다.(특히 SNS의 확산으로 1인미디어가 폭증했다.)

이런 정보의 과잉으로 사회 각 분야는 투명해진다. 그러나 역설적으로 비밀을 가지는 분야도 늘어났다. 전체적으로 사회는 가벼워졌으며 즉흥적으로 바뀌었다. 20세기 후반 포스트모더니즘은 이런 정보시대를 예고豫告했던 셈이다.

그런데 이런 정보의 대량유통은 필연적으로 정보의 왜곡을 불러온다. 그 왜곡은 과잉생산이 야기하는 선정성煽情性과 천박함이 그 원인이지만, 정치공학적으로 행해지는 선동인 경우도 많다.

문제는 대량유통에 편승한 이런 정보의 왜곡으로 입은 피해는 쉽게 회복되지 않는다는 것이다. 개인의 명예훼손이나 사생활 침해에 따른 피해는 개인적인 피해로 그치지만, 왜곡된 정보로 선거 결과가 바뀐다면 그건 민주주의를 훼손하는 게 된다.(대통령 선거 때 각 당은 엄청난 숫자의 인터넷 대응팀을 운영한다. 그 대부분은 물론 불법이다.)

그래서 정직한 정보 유통은 민주주의를 위해서 필수적이다.

63

오늘날 '시민의 의무'는 사라지고 없다.

시민의 의무obligation는 시민의 권리civil rights와 전혀 다른 영역에서 논의된다. 국방 납세 교육 근로의 의무로 헌법에 적시된, 시민으로서의 의무를 다하지 않았다 해서 시민의 권리를 제한하는 것은 정의에 반反한다고들 한다.

과연 그런가?

예컨대 고의로 징집을 기피한 자에게 공무담임권을 부여하거나, 군을 적대시한 자에게 군사정책에 대한 공적公的인 발언권을 허용하는 것은 옳은 일인가? 근로를 회피하고 평생을 무위도식하는 자에게 공동체가 의식주衣食住를 책임지는 것이 정의로운 것인가? 『자유론*On Liberty*』을 쓴 존 스튜어트 밀도 이 점을 늘 회의懷疑했다.

20세기 중반만 하더라도 시민권citizenship이 모두에게 주어지지 않았다. 여성 참정권은 최후의 논쟁 주제였다.(여성의 참정권은 미국은 1920년, 영국은 1928년, 프랑스는 1946년에 이르러서야 인정됐다.

우리는 1948년 건국을 위한 5.10 총선거에서 여성에게 남성과 동등한 참정권을 부여했다.)

'누가 시민의 자격이 있는가'라는 논의는 아직도 진행 중이지만, 지금 '시민으로서의 권리'는 시민의 의무와 연관시키지 않는 것이 당연시된다.

시민권이 개방화開放化 보편화普遍化된 이제 논의의 핵심은 '복지'다. 반면 시민의 의무에 대한 논의는 사라지고 없다. '만인평등萬人平等'이라는 미명 아래 민주주의는 그 존립기반을 훼손하고 있는 것이다.

시민권이 제한적이었을 때엔 특권으로 이해했고, 의무 또한 특권에 따르는 '신성한 것'으로 이해했다. 로마시대 '노블리스 오블리주'가 그것이며, 오늘날 국방의 의무는 신성하다는 말의 뿌리이기도 하다. 시민권은 원래 로마시대엔 '국정참여권'이었으나, 시민혁명 이후 자연권에 대립하는 개념으로 '국가에 대한 실정법상의 권리'로 이해된다.

64

정치인이야말로 개혁을 두려워하는 자들이다.

정치인이 가장 즐겨 쓰는 단어는 국가와 사회에 대한 '개혁'이다.(개혁改革은 죽간의 가죽끈을 가는 데서 유래했다.) 개혁과 함께, '혁신'이니 '변화'니 하는 기업에 친근한 용어를 정치인이 남용하는 것은 대중이 그걸 선호하기 때문이다.

정치인이 '새'것을 걸 강조하는 것도 같은 이유다. 구태舊態에서 조금도 벗어나지 못하면서도 '새 정치'를 외치거나, '새 시대'를 다짐하는 건 대중의 기호에 영합하기 위한 것이다.

개혁의 의미는 다 다르다. 역사적으로 볼 때 좌파가 주장하는 개혁reform은 '혁명'의 슬로건이지만, 우파가 주장하는 개혁은 혁명을 봉쇄하기 위한 슬로건이다. 칼 포퍼Karl Popper는 전체주의로 이행하지 않기 위해서 점진적 사회공학piecemeal social engineering을 주장한다. 곧 마르크스주의의 혁명적 변화가 초래할 위험을 방지하기 위하여 점진적 개혁이 필요하다는 것이다.

그러나 대부분의 개혁 타령은 거짓이다. 적폐積弊의 뿌리는 길고도 끈질겨서 이미 대부분의 정치인에게 닿아 있다. 온갖 인맥으로 연결된 그 뿌리를 잘라낼 수 있는 사람은 절대적으로 인맥과 무관한 사람밖에 없다. 아니면 공사公私를 구분하는 데에 얼음처럼 냉정한 사람이어야 한다.

그러나 그런 사람이 어디 흔한가. 설사 그런 영웅적 인물이 개혁의 칼을 잡았다 해도 그 칼을 뜻대로 휘두르기란 불가능에 가깝다. 이젠 적폐에 연결된 모든 자들이 적敵이 되기 때문이다.

그런 적들이 똘똘 뭉쳐 그 칼날을 부러뜨리는 건 너무 쉬운 일이다.

결국 개혁은 정치인이 대중을 현혹하는 미사여구에 불과한 말인 것이다.

64-1

정치인이 말하는 개혁은 늘 구두선口頭禪일 뿐이다.

정치인들이 정치쇄신을 하겠다는 말은 거짓이다. 정치판에 쇄신 요구가 거세진 건 정치권의 무능과 비효율, 부패 때문이다. 그리고 그 대책은 다들 안다.

상설국회를 하면 무능하고 게으른 의원은 도태되고, 크로스보팅을 도입하면 보스정치는 사라질 것이다. 정당도 패거리가 아닌, 이념과 정책으로 뭉친 집단으로 바뀌게 된다. 상향식 공천으로 정당을 민주화하고 주권을 국민에게 돌려주면 정치는 대중과 가까워진다.

그런데도 개혁을 못하는 건 개혁이 정치인 자신들의 이익과 결부되어 있기 때문이다. 대부분의 쇄신은 의원 자신의 특권을 빼앗는 것이다.

그러니 행동으로 옮기지 못하는, 말뿐인 개혁이 계속된다. 공천권이라는 어마어마한 권력을 놓치지 않으려 하는 보스는 말로만 새 정치를 외칠 뿐이지 결코 민주주의자가 아니다.

그래서 정치판이 스스로 바뀐다는 건 불가능하다. 예컨대 정치 지도자들은 다들 제왕적 대통령을 반대하고 개선을 주장하지만, 속으로는 '대통령은 무엇이든 할 수 있다'는 것을 굳게 믿는다.(역대 문민정부 대통령들이 정도의 차이는 있었지만 모두 그랬다.) 무소불위의 대통령을 만든 건 헌법조항이 아니라 바로 그들의 의식이다.

그래서 '보이지 않는' 권력의 한계를 알고 있는 통치자는 드물다.

65

무릇 정치인이라면 모든 권력은 극히 제한적이라는 것을 알아야 한다.

'모든 권력은 그 끝이 있다'는 사실은 평범한 진리다.

멈추지 않는 음악이 있던가? 그치지 않는 비가 있던가? 세상의 모든 일은 끝이 있는 것이다. 어떤 영광이든, 어떤 슬픔이든 그 끝이 있다. 그러니 권력은 말할 필요조차 없다.

그래서 통치자는 권력의 끝을 볼 줄 알아야 한다. 권력은 언젠가는 끝나고 그때부터 잔인하고 혹독한 평가가 뒤따른다는 걸 안다면 통치자는 정직해지고 권력은 겸손해진다.

그러나 현실은 그렇지 않다. 권력을 잡는 순간부터 권력자와 그 권력에 기생하는 자들은 권력에 도취된다. 자신이 쥔 권력이 끝없이 계속될 것이라는 착각에 빠진다. 그런 착각은 주변의 아첨꾼들이 만든다.

그런데 인간은 왜 권력을 원하는 것일까?

인간은 탐욕적이며 남을 지배하려는 파괴적인 본성을 지녔기 때문이다. 권력의 본질 역시 탐욕과 파괴다. 통치자가 자신의 권력을 스스로 제한하지 않고 탐욕과 파괴의 수렁에 빠진다면 그 끝은 비참할 뿐이다.

통치자의 눈이 어둡고 귀가 얇아 아첨꾼을 가까이 하면, 눈귀를 가린 채 그런 수렁이 널린 들판을 걷는 것과 같다.

66

권위주의는 민주주의의 적敵이다.

우리 정치판을 비롯한 거의 모든 분야에 권위주의가 자리 잡은 건 장유유서長幼有序의 전통적 정서도 한 원인이지만 보다 근본적인 원인은 박정희 대통령의 18년에 걸친 철권통치 때문이다.

게다가 군사정권이 끝나고 문민시대 초기 대통령을 지낸 김영삼 · 김대중 대통령도 대단히 권위주의적이었다. 박 대통령이 권위주의적이었던 건 반대파를 누르고 통치를 강화하기 위한 것이었다면 두 김 대통령의 경우는 그들이 마피아 조직 같은 정치집단의 보스였기 때문이다.

김영삼 · 김대중 두 사람에 반발하면 사실상 정치적 생명이 끝났기 때문에 휘하의 어느 누구도 감히 그 권위에 도전하지 못했다. 그러니까 두 사람은 민주적이지도 않았고 보수주의와도 거리가 멀었다. 노무현 대통령이 들어서면서 권위주의는 급격히 쇠퇴했다. 그렇게 된 건 노 대통령의 소탈한 성품에다가 노 대통령 자신이 대통령이 되기 전에 권위를 내세울 만한 정치적 경력을 가지지 못했기 때문이다.

그런데 권위주의를 없애는 건 마땅하지만 문제는 권위 자체가 실종되는 데 있다.

민주주의는 각 개인이 주권을 행사하는 것이지만 실제 개인이 정확한 정보를 가지고 독자적 판단으로 주권을 행사하는 건 매우 드물다. 그래서 민주주의가 제대로 기능하려면 대중의 선택을 돕는 나침반 역할을 하는 사회적 권위가 필요하다. 그런 권위가 없으면 엉뚱한 권위가 행세하게 된다. 가짜 권위는 필연적으로 사회를 부정직하게 만든다.

게다가 대중은 생각처럼 논리적이거나 이성적이지 않고 감성적이기 때문에 대중의 선택은 잘못될 가능성이 높아진다.

따라서 사회적 권위가 존재하는 것이야말로 민주주의의 필수적인 토양이다.

[제 3 부]

속임수 정치

'국민의 눈높이에 맞춰'라는 말은 대부분 정치지도자가
사위적 결정을 숨기기 위해 하는 변명이다.
좀 더 뻔뻔한 경우는 '오직 국민만을 바라보고'라든지
아예 '국민을 위해'라는 표현을 쓰기도 한다.

67

자신의 이념에 대해 말하는 것을 주저하는 자는 정상배政商輩에 지나지 않는다.

대개 이념에 무지한 자는 상대주의적 주장을 한다. 정책에 관해 상대주의相對主義, relativism를 내세우는 자는 대부분 사기꾼이다. 언뜻 절대적 진리나 자기만의 믿음에서 벗어나 '자유로운 사고'를 하는 것으로 보이지만, 정책의 이유인 이념적 배경에 대한 설명을 할 자신이 없는 것이다.

그래서 정치판에서 상대주의를 외치는 자는 가짜다. 정치판에서는 '상대적 좌파'도 '상대적 우파'도 없다. 오직 좌파와 우파가 있을 뿐, 좌파이면서 상대적 우파는 존재할 수 없는 것이다.

그런 말은 기회주의자들이 선거에서 이기기 위해서 쓰는 상용수법이다. 예컨대 좌파로 변절한 뒤 우파의 표를 잃지 않으려고 스스로를 '상대적으로 우파'라고 하는 자가 어찌 기회주의자가 아닐 것이며 사기꾼이 아니겠는가? 그런 자에게 변절한 죄악에 대한 면죄부를 주어서는 안 된다.

그런데도 정치판은 상대주의가 기승을 부린다. 정치는 상대가 있는 게임이기 때문이다. 놀라운 것은 이런 사기꾼을 '이념에 있어 유연하다'며 칭송하기 바쁜 언론의 자세다.

정당들도 강령이나 정강정책부터 언제든 도망갈 구멍을 만들어 둔다. 모든 정당이 다 '서민과 중산층'을 위한다고 하는 것이 대표적이다. 민주 정당이 물론 계급정당이 되어서는 안 되겠지만, 이런 이념 초월적超越的인 태도를 보이는 것은, 그만큼 자신들의 이념에 자신이 없기 때문이다.

67-1

우리 정당들은 정강정책政綱政策으로 구별되지 않는다.

정당의 강령綱領과 정강정책은 그 정당의 목표이자 정당의 정신이요, 색깔이다. 정치 소비자인 대중은 개별 정치인에 대한 호好·불호不好로 투표에 나서지만 그 지지의 바탕에는 이념과 정책에 대한 동조同調가 깔려있는 것이다. 그래서 정당들이 정강정책으로 구별되지 않으면 대중은 후보자를 감성적으로 판단하게 되고 선택권은 제한되어 민주주의는 타락하게 된다.

그런데 정치적 상대주의가 넘치면서 정당의 정강정책은 두루뭉술해진다. 모호하고 여러 해석이 가능할수록 훌륭한 정강정책이 된다. 폭넓게 지지를 호소할 수 있기 때문이다.

이런 불분명한 색깔을 두고 흔히 '스펙트럼이 넓다'고 한다. 무지한 자들은 그런 넓은 스펙트럼이 현대 민주정당의 장점이라고까지 한다. 대중을 위한 변신이 쉽다는 것이다.(그 변신은 대중을 위한 것이 아니라 자신들을 위한 변신에 불과하다. 그런데도 자신들의 스펙트럼이 넓은 것을 자랑해 '무지개 선거대책본부'란 걸 만든 경우도 있다.)

사실은 색깔이 다채로운 것이 아니라 없는 것이다. 그런 결과, 정치도 하향평준화의 길을 걷는다. 끝내는 중우정치衆愚政治의 함정에 빠져든다. 이걸 제어할 길은 대중이 정당의 속셈을 눈치 채는 것이지만 대중 역시 이기적이어서 그런 일은 불가능에 가깝다.

67-2

우리 정당들의 강령은 너무 모호해 사위적詐僞的이다.

새누리당의 정강정책 첫 구절을 본다.

'새누리당은 국민의 행복을 최우선 과제로 삼을 것이며 모든 정책의 입안과 실천에 있어 오로지 국민의 뜻에 따를 것임을 약속한다.'

여기에 '국민의 행복'이라는 추상적인 목표 외에 아무런 이념도 비전도 없다. 혹 국민의 행복을 최우선으로 하지 않는 정부가 있는가?('국민행복'은 예컨대 '안전보장'이나 '공공복리'처럼 워낙 당연한 명제로서, 굳이 강령에 적을 바가 아니다.)

도대체 국민이 원한다면 무엇이든 한다는, 이 극치의 포퓰리즘은 누가 성안成案한 것인가? 단언하건대 그는 반反민주주의자다.

그래서 강령에서 '보수'를 지우고 당 이름을 바꾸고 당의 색깔을 붉은 색으로 바꾼 것인가? 희극적인 건 이런 전횡專橫에도 당시 소속의원 가운데 이를 지적한 이가 한 사람도 없었다는 사실이다. 놀라운 무지거나 처참한 도덕률이다.

사정은 야당도 마찬가지다.

새정치민주연합의 강령과 정강정책을 보면 정치학 교과서를 보는 것 같다. '중산층과 서민을 포함한 모든 국민들이 행복한 대한민국'이 되도록 한다는, 참으로 명쾌한 공리주의적功利主義的 슬로건을 내걸었다. '국민의 행복'은 새누리당과 똑같은 목표다. 그 아래 '정의로운 사회' '통합된 사회' '새롭게 번영하는 나라' '평화로운 대한민국'이라는 추상적인 정책방향을 제시했다. 부연한 글의 내용 역시 구체적이지 않다.

이러니 생각이 다른 당과 연대하고 시세時勢에 따라 합당하는 것도 언제든 가능하다. 당의 이념성이 투철하지 않기 때문에 당의 근본을 흔드는 그런 일들이 당 대표의 독단으로 이루어진 것이다.

정당 민주주의party democracy가 무너진 것은 이런 연유에서다.

여야가 서로 색깔을 맞바꾼 것은 세계 정당사에 남을 코미디요, 기억해야 할 '집단타락集團墮落'이다. 원래 둘 다 자기 색깔 자체가 의미가 없었다. 그래서 언제든 정반대의 색깔로 가는 변신이 가능했던 것이다.

68

통치자가 늘 도덕적 결정을 하는 것은 아니다.

지금은 너무 많은 이익이 충돌하는 시대이므로 이익교량利益較量에 따라 통치자는 때로 비도덕적이거나 초법적인 결정으로 나아갈 수밖에 없다. 그런 결정을 두고 우리는 '통치행위'라고 하여 통치자의 '고도高度의 판단'으로 이해한다.

그러나 통치행위라고 하여 비판을 비켜간 비도덕적 결정의 대부분은 통치자 개인의 사익私益은 물론 무지와 편견이 작용한 것이다. 예컨대 김정일에게 4억 5천만 달러를 송금한 김대중 대통령의 결정은 통치행위라 해서 면책되었지만, 범죄성립 여부를 떠나 '정상회담'을 위한 대가란 점에서 명백히 비도덕적 행위다. 그 결정이 떳떳했다면 극비리에 진행했을 리가 없지 않은가?

사실 통치행위로 포장된 행위들은 통치행위가 아니라면 '위법성이 조각阻却될 여지가 없거나 가능성이 아주 적은 것들이다. 그런데도 통치자들이 이런 행위를 감행하는 것은 민주주의에 대한 의식 부족으로 인해 권력에 도취되었기 때문이다.

68-1

도덕적 상대주의로 비판을 피해간 통치자의 행위들은 대부분 권한을 남용한 것이다.

통치자는 스스로 이익교량을 했겠지만 그 대부분은 배덕자背德者의 자기최면에 지나지 않는다. 이런 상대주의에 빠진 권한남용은 너무 자주 일어난다. 놀라운 것은 최악의 결정조차 '더 나쁜 악에 대항한 것'이라는 변명으로 쉽게 면죄부를 얻는다는 사실이다.

역사적으로도 그런 사례는 숱하다. 두 예만 들겠다.

1945년 2월 처칠과 루스벨트는 드레스덴에 소이탄 65만 개와 네이팜탄(유지油脂소이탄의 일종)을 퍼붓고 도망치는 시민에게 기총소사를 가해 13만 5천 명을 죽였다. 이 일은 처칠의 오점으로 남았다.

1939년 8월 9일 아인슈타인Albert Einstein은 정책에 무지한 좌파였던 루스벨트에게 두 장짜리 편지를 보냈다. 원자폭탄을 개발하자는 '맨해튼 프로젝트Manhattan Project'의 제안을 루스벨트는 별다른 고민 없이 승인했다. 루스벨트의 잔여 임기를 물려받은 트루먼은 1945년 8월 6일 전쟁종식의 일념으로 이 가공할 폭탄을 히로시마에 투하했다. 10만 명의 시민이 죽었다. 아이구스타 수병들과 식사 중에 트루먼은 자랑스레 그 소식을 전했다.(그러고도 사흘 뒤 나가사키에 다시 그 가공할 폭탄을 사용했다.)

처칠도 루스벨트도 트루먼도 살인마가 아니다. 그들은 다 무고한 생명을 죽일 정도로 잔인하지도 않았다. 셋 다 오히려 온화했다. 그런데 왜 그랬을까? 살인의 현장과 너무 멀리 떨어져 있는 테이블에서 그 일들을 결정했기 때문만은 아니다.

그들 스스로가 도덕적 상대주의에 빠져 있었던 까닭이다.

69

정치인의 못된 버릇 중 하나는 남의 의견을 일단 부정하고 본다는 것이다.

이런 경향은 사이비 지식인의 특징이지만 어느덧 정치판에 오염되었다. 자신의 의견에 자신이 없는 탓에 다른 의견을 가진 자와의 토론보다는 강한 부정을 하고 보는 것이다. 그 의견을 부정하지 않으면 자신의 의견이 존립근거를 잃기 때문이다.

예컨대 보수주의자를 자칭하던 자가 권력자의 반보수주의적 정책에 맹종하면서 그에 대한 비판을 수용하지 못하는 것은 이런 까닭에서다. 이걸 두고 굳이 신념의 훼절毁折이라 할 바는 아니다. 그럴 정도로 신념에 찬 정치인은 그리 많지 않다.

노무현 정부와 박근혜 한나라당 대표가 주도한 수도분할이 대표적인 그런 논쟁이다. 세종시로 수도를 분할하는 내용의 행정복합도시 결정을 두고 2010년 이명박 정부에서 논란이 벌어졌을 때, '행정의 낭비와 비효율' 등으로 재검토 주장을 하는 보수주의자를 온갖 궤변으로 무차별 공격하던 자들과 그들 편에 섰던 대다수 국회의원들, 그리고 이를 방관했던 언론이 여기에 속한다.

특히 스스로를 진보주의자라고 칭하는 자들은(대부분 진보주의에 무지한 자들의 사칭詐稱에 불과하다.) 이상한 전거典據를 드는 습관이 있다. 대개 그들이 드는 전거는 낡거나 정체 모를 통계, 노엄 촘스키Noam Chomsky 같은 외국 학자가 쓴 편향된 책들, 혹은 외국의 시민단체가 내놓는 '책상 위에서 조작한' 자료들이다.

이런 일은 진보주의에 대한 제대로 된 이해가 없기 때문이다. 그러니까 유사類似진보주의자들이 앓는 '진보 콤플렉스'인 것이다. 그중에서도 유엔기구가 한 권고나 결의를 금과옥조金科玉條로 여기는 것은 정말 코미디다.(그들이 믿는 유엔에서 벌어진 웃지 못할 한 예를 든다. 이디 아민Idi Amin이 1975년 유엔총회에서 유대인 말살을 연설했을 때 기립박수를 받았다!)

69-1

정치인의 거짓은 대부분 자의적恣意的인 해석을 일삼은 결과다.

대부분의 법률가들이 경험하듯 목격자는 종종 착각에 빠진다. 칼 포퍼는 거짓에 함몰되는 원인으로 '어떤 사건에 대한 자의적인 해석'을 든다.

정치인 역시 그렇다. 다만 정치인의 그런 해석은 목격자의 착각 때문이 아니라, 듣고 싶은 것만 듣고 보고 싶은 것만 보는, 오랜 습관으로 인한 것이라는 게 다르다. 그런 습관은 끝없는 자기 세뇌를 부르고, 그 결과 진영논리에 빠져 모든 걸 피아彼我로 구분하는 태도를 낳는다.

이른바 지식인들이 진보주의의 모자를 쓰고 서구에서 이미 실패한 '보편적 복지'를 빈부격차에 대한 대증요법對症療法으로 내미는 것이 그런 경우다.

보편적 복지의 선악을 떠나, 그런 집단주의적 정책이 결코 빈부격차를 해결하는 방법이 아니라는 것은 이미 서구에서 경험적으로 증명됐다.(보편적 복지를 주장하려면 다른 이유를 대야만 할 것이다. 예를 들자면 무상급식을 '눈칫밥을 먹어선 안 된다'는 이유로 주장하는 것이다. 실제 좌파들이 무상급식을 처음 주장했을 때 그 주장을 했다.)

복지사각지대가 널린 나라에서 복지를 전공한 교수가 그런 곡학曲學을 하는 걸 보면 집단주의자들의 자기 세뇌는 정말 무섭다.

정치인이든 학자든, 보수든 진보든, 진실만을 말하려면 진영논리에서 벗어나야 한다. 끊임없는 자기성찰自己省察 외엔 다른 방법이 없다.

70

정치판에서 가장 힘든 싸움은 사이비似而非와의 싸움이다.

범汎자유주의와 범집단주의와의 싸움보다 범자유주의와 '유사類似 자유주의'와의 싸움이 더 어려운 게 그 예다. 후자는 대중의 기호에 영합하여 집단주의의 정책을 여과 없이 받아들이면서도 스스로를 보수주의자 혹은 자유주의자라고 말하기 때문이다. 자유주의의 가면을 쓴 셈이다.

그들은 권력을 잡기 위해 이념을 버린 기회주의자다.

이런 현상은 무상급식 같은 보편적 복지 정책이 선거 승리에 기여하자 스스로를 보수주의자라고 하던 자들이 이 정책을 받아들이면서 시작됐다. 그 다음부터 그들은 거칠 것이 없었다. 이름만 달리했을 뿐 급진좌파radical Left의 보편적 복지 정책을 사실상 전면 수용했다.(보편적 복지는 서구 사회민주주의의 오래된 정책이다.)

마침내 그들은 스스로 보수를 버린다는 말까지 공공연히 했다.

그런데도 우리가 그들을 보수주의자나 범자유주의자로 인식한다면, 단순한 이념의 혼동이 아니라 명백한 사위행위詐僞行爲에 놀아나는 것이 된다.

아직 우리 민주주의는 '쓰레기통에서 백합꽃이 피기를 기다리는' 중이다.

자유주의는 다양한 의미로 쓰인다. 봉건제도를 혁파한 시민혁명은 인간의 자유를 회복한 자유주의 혁명이다. 이 자유주의는 필연적으로 애덤 스미스Adam Smith로 대표되는 경제적 자유주의와 결합하면서 서구 자유주의의 원류가 되었다. 당시에는 자유주의와 대립한 이념이 전통과 상식을 존중하는 보수주의였다. 그러나 빈부격차가 확대되고 진정한 자유는 경제적 평등에 있다고 주장하는 좌파가 세력을 얻기 시작하면서 본격적인 이념분화가 시작됐다.

오늘날 자유주의는 미국에서 개화한 리버럴리즘-'현대 자유주의contemporary liberalism'를 의미하는 경우가 많다. 미국 민주당으로 대표되는 이 이념은 고전적 자유주의의 바탕인 개인주의에 입각하면서도 빈부격차 같은 사회적 문제를 해결하기 위한 정부의 역할을 강조하는 이념이다. 보수주의도 자연스레 시장적 자유를 수용하면서부터 '범汎자유주의'

에 속한다. 범자유주의는 고전적 자유주의 이래 자유를 궁극의 목표로 하며 자유의 확산을 통해 복지와 평등을 가져온다고 믿는다. 리버럴리즘의 일단一端은 복지와 평등을 자유의 조건으로까지 이해한다.

나는 자유주의자로서 보수주의자다. 자유의 확산을 위한 정부의 역할을 믿는 것으로 자유주의적 보수주의, 혹은 영국의 뉴 리버럴리즘new liberalism과 가깝다고 본다. 이 책에서는 원류 자유주의 이래 자유주의의 기조에 선 모든 이념을 범자유주의 혹은 자유주의로 기술하면서 미국의 리버럴리즘-현대 자유주의와 구분하였다.

또한 범집단주의를, 마르크스주의부터 레닌Vladimir Il'ich Lenin 스탈린의 전위당 민주주의에 이르는 공산주의 사회주의 계열과, 시장市場의 존재를 인정하는 사회민주주의 민주사회주의 등의 진보주의로 나누어 기술했다. 그러니까 이 책에서 진보주의는 주로 사회민주주의 이념을 뜻한다.

70-1

정치인에게 이념에 대한 질문은 필수적이다. 이념은 정치인에게는 상품의 상표 같은 것이기 때문이다.

이념과 그에 따른 정책들은 마치 화학기호 같아서 선택적 조합으로 정치인의 '색깔color'을 만든다. 이런 조합으로 설명되지 않는 이념과 정책, 그리고 정치인은 너무 위험한 존재다. 언제든 시류에 따라 변질될 수 있기 때문이다. 그래서 이념과 정책에 무지한 정치인은 도태되어야 한다.

이념의 혼란이 극심한 쪽은 진보주의자보다는 보수주의자다. 민주주의 역사가 일천한 탓에 아직 보수주의 이념을 제대로 적용한 정부를 경험하지 못한 까닭이다.(우리 보수주의는 분단과 전쟁의 경험으로 인해 반공주의와 국가주의에 의존하는 결정적인 결함을 가지고 있다.)

그렇다면 우리 좌파들은 과연 좌파 이념과 정책을 얼마나 이해하고 있을까? 그들의 '이해理解'가 미덥지 못한 이유는 많다. 예컨대 보편적 복지를 주장하면서도 '보편적 납세'와 '보편적 증세'에 반대하는 것은 정책에 대한 무지 때문이다. 비정규직을 염려하면서 이미 중산층 소득을 넘어선 '귀족노조'의 파업을 지지하는 것도 그렇다.(화학기호는 아무렇게나 조립이 가능하지 않다.)

미국에서 보수주의와 대립하는 리버럴리즘liberalism은 자유주의, 혹은 '현대 자유주의'로 번역되지만 경우에 따라서 진보주의로 번역되기도 한다. 리버럴리즘은 개인주의가 바탕인 점에서 집단주의가 바탕이 된 유럽의 진보주의progressive와 다르지만 '본질적이며 고유한 평등intrinsic equality'을 존중하는 점에서는 같은 입장에 있다.

유럽의 리버럴리즘은 자유주의로서, 진보주의와는 확연하게 구분된다. 경제정책은 시장자유를 수용한 보수주의와 정책적 차이가 거의 없는 반면에 동성애 등 사회적 어젠다에는 큰 차이를 보인다. 경제정책에 대한 반성으로 미국의 리버럴리즘에 가까운 뉴 리버럴리즘이 나왔다. 자본주의를 통한 재화의 분배 외에 어떤 형태든 분배의 정의가 필요하다는 것이다. 미국 리버럴리즘도 법치를 내세우는 등 유럽 리버럴리즘에 접근중이다.

71

정치판처럼 무지無知를 부끄러워하지 않는 곳도 없다. 무지해도 언제든 표결에 나설 수 있기 때문이다.

우리 정치판의 집단적 무지는 이미 중증重症이다. 어느 정당 할 것 없이 당 내에 정책통政策通을 찾기 힘든 이유다. 문제는 이런 집단무지集團無知가 국가에 장애가 된다는 것이다.

실제 의회에서 처리되는 법안들(심지어는 두어 시간에 몇 십 건을 처리하기도 한다.)을 제대로 이해하고 표결에 나서는 국회의원은 얼마 되지 않는다. 대부분 의원들은 법안의 의미를 이해할 정도의 '리걸 마인드 regal mind'를 가지고 있지 못하다.(우리 국회는 명색이 입법부인데도 법률가의 비중이 너무 작다.)

의원들은 보좌관들의 도움을 받지만 보좌관들 역시 전문가에 이를 정도의 지식과 경험을 가지지 못한 경우가 많다. 이런 결과 엉터리 법안들이 양산된다.

무지로 인한 부작용은 어느 날 갑자기 드러난다. 예컨대 '세월호 침몰사건'은 해운에 관한 무지 때문에 선박입출입법이나 선원법 같은 해운관련 법안들을 처리하지 않은 의회의 태만이 근본적인 원인 중의 하나다.

불법적인 로비에 의한 입법이 횡행하는 것도 의원들의 집단무지 때문이다. 그러니까 무지야말로 정치판이 부패하게 된 원인인 것이다.

정치판의 집단무지로 인한 잘못된 방향설정도 많다. 여야 가릴 것 없이 포퓰리즘적인 '보편적 복지' 정책에 몰두하고 있는 것이 대표적이다. 그런 매표적買票的 정책을 개발하면서 재원財源이나 그 재원 때문에 벌어질 다음 세대의 궁핍에 대한 고민은 없다. 정책의 부작용을 전혀 모르기 때문이다

폭증하는 국가채무를 갚아야 할 다음 세대가 그 진실을 안다면 그들은 아마 분노의 돌팔매를 맞을 것이다.

71-1

우리 정치판의 이념적 혼란은 오래됐다. 문제는 정치판이 그런 혼란을 방치하고 있다는 것이다.

1990년대에 접어들면서 서구 사회민주주의는 급진적 성향을 완전히 버렸다. 세계화globalization 시대에 자국의 급진 분배정책이 짐이 되는 것을 안 것이다. 대부분 사회민주주의자들은 사회-도덕적 문제에 있어서도 급진성향을 포기했다. 예컨대 '동성결혼' 지지는 사민주의자보다도 현대 자유주의자(미국 리버럴리즘)들에게서 더 많이 발견된다.

민주사회주의 역시 보수주의(서구의 뉴 리버럴리즘을 포함하여)가 경제적 불평등을 해소하기 위한 정부의 역할을 어느 정도 이해하자 적대적 태도를 바꿨다. 보수주의도 사회-도덕적 문제에 있어서 과거와 같이 엄격한 잣대를 대지 않는다.

사회민주주의, 민주사회주의, 리버럴리즘, 보수주의 등 대중화된 이념들이 서로의 거리를 좁혀나가고 있는 것이다. 사회민주주의 민주사회주의의 우경화에는 민주주의의 심화와 세계화가, 보수주의의 좌경화에는 빈부격차의 확대와 전통적 자유주의와의 융합이 가장 큰 원인일 것이다.(폴 슈메이커 교수가 쓴 『12가지 이념』 참조. 슈메이커 교수를 비롯한 많은 정치철학자들의 공통된 생각이다.)

세계가 이렇게 변화하는데도 아직 우리 좌파는 60년 전 영국 노동당의 진보정책을 굳게 믿고 있다.(1942년 '요람에서 무덤까지' 공동체가 책임지는 사회보장을 구상한 비버리지W.Beveridge 리포트에서 시작하여 1970년대 말까지 만병통치약으로 여겨졌던 진보주의 정책을 마거릿 대처 여사가 비로소 수정했다.)

새누리당은 영국 노동당보다도 더 왼쪽에 가 있으면서 여전히 보수주의자들에게 지지를 호소한다.

이런 코미디를 두고 '소가 웃지 않으면' 오히려 이상한 일이다.

72

정치는 소설이 아니다.

정치가 소설과 같은 게 있다면 극적인 전개展開로 대중의 관심을 끄는 것뿐이다.

대개 정치도 비논리로 가득 차 있지만 그건 소설처럼 부조리不條理한 인간의 문제를 다루어서가 아니라 '정치는 타협의 예술'이라는 미명 아래 온갖 사익私益이 거래되기 때문이다. 그런 암묵적暗默的인 거래는 나름대로 명분을 갖춰야 하므로 정치가 소설과 달리 좀처럼 반전反轉을 허용하지 않는 것이다.

그래서 정치는 명분을 쌓는 자가 이기기 쉬운 게임이다.

대중적 인기는 잠시다. 인기보다 명분이 정치인의 생명을 좌우한다. 인기에 취해 명분을 놓친다면 비극적 결말과 맞닥뜨리게 된다. 그런 결말에 대중은 어떤 동정도 보내지 않는다.

그렇다면 무엇이 명분으로 되는가? 정치판에는 아무런 공식公式이 없다. 정치는 정치학과 교수들의 말처럼 결코 사회의 현상을 법칙화한 '과학'이 아니다. 일찍이 아인슈타인은 정치를 두고 '물리

학보다 더 어렵다'고 토로했다. 천재의 눈에도 정치판에서 벌어지는 '뻔한 결말에 이르는 과정'들이 너무 복잡해보였을 것이다.

그런데다 명분이 반드시 이기는 것도 아니다. 정치의 묘미는 사실 여기에 있다. 명분을 좇으면서도 대중과 유리遊離되지 않아야 살아남는다.

그러나 정치적 승리는 운동경기의 승부와는 다르다. 정직한 정치라면 처칠의 말처럼 '승부를 보는 것이 아니라, 진실을 찾는 일'이기 때문이다. 최종적인 승부는 먼 훗날 사가들이 판단할 뿐이다.

그래서 자신이 누구인지를 깨닫지 못한 채 정치를 하는 것처럼 비참한 일은 없다. 자신의 이념을, 자신의 색깔을, 무엇보다도 자신의 능력을 모르는 자가 무슨 명분을 가질 수 있고 무슨 진실을 볼 수 있겠는가?

73

궁극적으로 대중을 고통 속에 빠뜨리는 정치는 사악邪惡한 정치다.

그런데 그런 고통을 책임지는 정치인은 아무도 없다.

공공公共부문이 경제의 큰 부분을 차지할수록 국가가 실패할 가능성은 높아진다. 사회주의가 망한 이유다. 2차세계대전 뒤 서구 자유주의 국가에 몰아친 사회민주주의가 1970년대를 기점으로 국유화 정책에서 후퇴한 것도 그런 까닭에서다. 그런 실패 뒤에 국가에 대한 집단주의적 믿음을 강요한 정치인과 학자들은 아무도 재앙에 대한 책임을 지지 않았다.

집단주의에 대한 믿음을 끝내 버리지 못하고 수렁에 빠져든 나라는 그리스와 스페인이다.(2014년 현재 이탈리아와 프랑스도 위험선危險線 지근거리에 있다.) 스페인은 인구 4,050만 명으로 유로존 4위의 경제대국이자 한때 세계에서 가장 많은 금을 보유했던 부국이었다.

'스페인이 울고 있다'

2012년 5월 신문 1면에는 이런 제목 아래, 정부의 긴축정책에 반발해 파업을 벌인 시위대와 경찰의 충돌로 인해 마비된 바르셀로나의 어느 상점 여주인이 깨진 유리창을 보며 울고 있는 사진이 실렸다. 무차별적인 보편적 복지와 잘못된 노동정책이 빚은 불행이다.

이 한 장의 사진에서 아무런 교훈을 얻지 못한다면 그는 정치인 자격이 없다. 이념을 떠나 그 교훈은 하나다.

'시민에게 고통을 주는 정치는 없는 것이 낫다.'

문민정부 들어서 정권 말기에 예외 없이 통치자에 대한 지지와 정부에 대한 신뢰가 추락했다. 시민에게 고통을 주었기 때문이다. 그 가장 큰 원인은 통치자의 무지로 인해 정책의 결정이 주로 사익私益에 의해 이루어진 데 있다.

74

우리 좌파의 맹점 중 하나는 명백히 차등差等이 있는데도 '차등을 인정하지 않는다'는 것이다.

서구 좌파는 원류 마르크스주의자나 공산주의자가 아니라면 대체로 차등을 인정한다. 그래서 서구 좌파의 경제정책에는 가진 자에 대한 반감이 적다.

우리 좌파는 '누구에게나 불평등할 권리가 있다'는 것을 거부한다. 차등 자체를 인정하지 않기 때문에 가진 자들을 적敵으로 내몬다. 계급혁명을 주장하는 마르크스주의자와 입장이 같은 것이다.

'누구나 법 앞에 평등하다'는 것은 균등한 기회를 의미한다. '결과의 평등'이 아니라, 오히려 능력에 따른 '결과의 차등'을 인정하는 것이다.

민주주의가 보편화되면서 재산권을 보장하는 것은 민주적 기본 질서로 자리잡았다. 그래서 재산권-소유권이라는 불가피한 제도가 낳는 '능력에 따른 차등'을 부인한다면 결국 민주주의를 부인하는 것이 된다.(시민혁명 이후 자유는 곧 재산을 의미했다. 프루동이 '재산은 도적질이다'라는 말로 '유산계급'을 질타한 것도, 재산권이야말로 모든 자유의 기초이기 때문이다.)

인간은 누구나 평등하다. 그러나 삶을 영위하는 방식과 태도까지 평등을 추구한다는 것은 인간을 구속하는 사슬이다. 더 나아가 결과의 평등을 추구한다는 건, 인간을 기계의 부속처럼 인식하는 것이 된다.

그 경우 인간이 도축하기 위해 사육하는 소와 다른 게 무엇인가?

74-1

차등이 있음으로 해서 사회는 평등해진다.

나는 자주 보수주의 – 범汎자유주의의 한 표현으로써 '우리 모두에게는 불평등할 권리가 있다'는 사실을 든다. 이 말의 원전은 마거릿 대처 총리다. 그는 총리가 된 뒤 첫 의회연설에서 이 표현을 썼다.

이때의 불평등은 자신의 재능과 노력의 결과, 즉 자신의 자유로운 선택의 결과로 나타난 재화의 분배를 의미한다. 말하자면 누구나 자신의 재능과 노력에 상응한 대가를 얻을 수 있는 불평등할 권리다. 바꿔 말하면 '우리 모두는 우리의 노동에 따르는 결과를 가지는 평등한 권리가 있다'는 것이다.

여기에는 몇 가지 전제조건이 따른다.

첫째, 균등한 기회가 제공되어야 한다. 예컨대 빈부貧富와 상관없이 같은 품질의 교육을 제공해서 부가 곧 부와 권력의 세습 수단이 되는 것을 막아야 한다.

둘째, 자유로운 선택이 가능해야 한다. 신분이나 학벌 등이 선택을 제한해선 안 된다.

셋째, '우연偶然'이 만드는 결과가 적어야 한다. 경쟁에서 우연의 개입을 완전히 배제할 수는 없지만 그것이 재능과 노력을 넘어서는 결과를 만들면 경쟁 자체가 무의미해지기 때문이다.

이런 기준으로 본다면, 과연 우리 사회는 차등을 인정할 정도로 자유와 기회가 균등하게 주어지고 그래서 벌어지는 게임은 공정하게 진행되는 것인가?

74-2

자본주의 체제의 우월성을 믿기 위해서 '균등한 기회'가 조건이라면 과연 그것은 가능한가?

사실 각자가 누리는 '자유의 총량總量'은 다 다르다. 각자가 가지는 '기회의 총량'도 당연히 다르다. 누구나 자유롭고 균등한 기회를 가진다고 하지만 부자나 부자가 아니라도 좋은 환경에서 성장한 사람에게는 더 많은 자유와 더 많은 기회가 주어진다.

자본주의가 정당성을 가지고 계속되려면 각 개인이 누리는 자유와 기회의 총량이 가지는 편차를 줄여야 한다. 부富가 기회가 되는 것을 완전히 차단하지는 못하지만 부자만이 가지는 기회는 제한되어야 한다. 부가 부와 권력을 세습하는 유일한 수단이 되어선 안 되는 것이다.(예컨대 고등학교 평준화란 명분 아래 하향평준화를 만든 후 사교육이 아니면 입학이 어려운 외고 등 특목고를 두고 그 특목고에 높은 품질의 교육이 제공되는 것을 방치하는 것은 공정한 경쟁이 아니다.)

마찬가지로 가난하기 때문에 '더 나은 기회'를 빼앗기는 일도 없어야 한다. 그런 사회는 '빈곤의 영속화永續化'와 함께 빈곤층에게만 사회의 가장 '고단한 짐'을 지우는 최악의 사회다.(예컨대 모병제는 모병에 응할 리 없는 부자가 좋은 기회를 더 많이 가지게 하는 제도로서 부자가 빈자에게 병역의 짐을 지우는 것이다.)

또 하나 자본주의가 성공하려면 개인의 실패에 대한 책임을 개인에게만 지워서는 안 된다. 인간의 능력은 천차만별인데다 결과는 언제나 노력과 일치하는 것이 아니다. '우연偶然'이 작용하는 경우는 생각보다 많다. 그리고 운이 결과를 좌우하는 경우는 더 많다.

따라서 경쟁의 결과에 승복하더라도 그 결과가 최종의 결과가 되어선 안 된다.

75

자본주의의 매력은 '누구나 성공할 수 있다'는 데 있다.

자본주의의 원리는 '모두에게 성취의 길이 열려 있는 것'이다. 자신의 재능과 노력으로 지금보다 더 나은 삶을 살 수 있다는 것은 사회발전의 원동력이다. 자본주의 사회에서 그런 희망을 빼앗는다면 무엇이 남겠는가? 부자가 되는 데 재능과 노력보다 '우연偶然'이 작용하는 경우가 더 많다면 자본주의는 생명력을 잃게 된다.

그래서 자본주의가 제대로 기능하려면 '긴 것은 긴 것대로' 대우받아야 한다. 그러나 긴 것은 생각처럼 길게 평가받지 못하고 짧은 것 역시 그대로 대우받지는 않는다. 이것 또한 자본주의의 매력이라고 한다.(만약에 개인적 재능과 노력을 정밀하게 측정하는 컴퓨터 같은 사회가 가능하다면 그건 또 다른 지옥이 될 것이다.)

그래도 그 오차가 커 공정성을 잃은 사회는 동력이 떨어진 사회다. 긴 것을 짧은 것으로 대우하거나 짧은 것이 긴 것으로 대우받는 일이 너무 자주 일어난다면 누가 자본주의를 수긍하겠는가?

사실 개인적 능력과 노동의 품질이 사회적으로 얼마나 기여하고 있는가를 따진다면 잘못된 보상구조報償構造를 누구도 부인 못 한다. 그런 실질적인 불평등이 계속되는 사회는 필연적으로 근로 윤리도 무너지고 생산성은 하락한다.

야만의 사회로 가는 길이 열리는 것이다.

잠비아 출신 신성新星 경제학자 담비사 모요가 쓴 『미국이 파산하는 날』에 노동의 왜곡된 배분에 관한 날카로운 지적이 있다. '연금제도의 급속한 도입이 노동가격을 왜곡했다', '노동의 국제적 이동을 규제하는 법령이 강화되어 인재영입이 어려워졌다'는 것 말고도 '생산적 산업보다 서비스 부분에 더 유리한 방향으로 사회적 이동이 일어났다'고 한다. 운동선수, CEO, 해지펀드 매니저 등 사회적 편익이 협소한 이들에게 의사, 간호사, 교사 같은 사회적 이득이 광범위한 이들보다 더 많은 연봉과 보상이 돌아간다는 것이다.

75-1

자본주의가 실패하면 사회주의가 구할 수 있는가?

2008년의 금융위기는 단순히 시장의 실패가 아니다. '월가의 탐욕'이라고 부르는, '소수의 이익을 위해 사회 전체가 희생하는 불균형'이 낳은 필연적인 결과다.

금융시장의 붕괴는 곧 산업 전 분야에서 자본주의 체제를 위협하면서 '집단의 우위優位'를 가져왔다.

많은 나라에서 정부부문이 확대되어 정부개입과 규제가 늘어났고, 공적자금을 투입해 경영권을 이전하는 방식으로 '국유화'가 진행됐다. 그런 변화는 불가피했다기보다, 주로 통치자와 의회의 선택으로 이루어진 것이다.

어떻든 프랜시스 후쿠야마Francis Fukuyama가 1992년 『역사의 종말』에서 더 나은 대안이 없다고 결론 내린 서구 자본주의 모델이 위기를 맞은 건 사실이다. 개인의 자유가 끝없이 확장되는 민주주의와 탐욕을 방치하는 자본주의가 계속되는 한, 체제를 위협하는 균열도 계속될 것이다.

그렇다면 후쿠야마가 틀린 것인가?

이제 자본주의가 실패할 수 있다는 가능성을 말하는 빈도가 점차 늘어난다. 그러나 그 대안이 사회주의가 아니라는 데 서구는 동의하고 있다.

위기가 진행된 나라들은 그 반성으로 자본주의의 개선을 논의한다. 그 결론은 자본주의에 온기를 불어넣어야 한다는 것이다. 그것이 '집단의 우위'가 아닌 '개인의 우위'를 지키면서 공동체를 유지하는 유일한 길이기 때문이다.

76

대중은 '민중독재民衆獨裁'의 유혹에 쉽게 빠져든다.

민주주의가 성숙되지 않아 권력에 쉽게 항의할 수 없는 경직된 사회일수록 대중이 권력에 반발하는 강도는 높다. 그러나 반대의견을 개진할 언로言路가 충분히 열려있을 때도 대중은 광장의 유혹을 쉽게 뿌리치지 못한다.

여기에는 여러 요인이 있지만 정권반대 세력의 선동도 다분히 작용한다. 그래서 대중은 부정의不正義의 문제가 아닌, 정책의 선택에 불과한 사안事案을 두고도 직접적인 항의로써 자신들의 의사를 관철하려 든다. 자신들이 주권자이므로 그런 행동은 정당하다고 믿는다.

그러나 부정의에 관한 문제는 사법부에서, 정책의 선택은 입법부에서 해결해야 하는 것이다. 광장에서 벌어지는 민중독재는 결국 권력분립과 대의정치라는 민주적 기본질서를 와해시킬 뿐이다.

광장은 언제나 자신들만이 선이라는 독선獨善이 모든 것을 지배하는 곳이다. 허명虛名에 연연하는 '지식인' 그룹이 그런 독선에 가담한다. 그래서 광장의 민중에게 반대편은 보이지 않는다. 설령 보이더라도 자신들의 행동에 반대하는 것이 분명한 '침묵하는 다수'를 그저 방관자로 여길 뿐이다.

그런 일들이 생각처럼 옳지 않다는 것은 모두 다 안다. 그러나 표를 의식해 편 가르기에 편승하는 정치인에게는 민중의 행동은 자신을 띄울 물실호기勿失好機다.

나는 이를 두고 '광장의 허구虛構'라고 부른다.

'민중독재'란 이명박 정권 초기 일어난 미국 소고기 수입 반대 촛불시위를 두고 당시 SBS TV 〈시사토론〉에서 내가 광장의 '민중'이 초법적으로 정의를 재단裁斷하려 한다는 의미로 말한 것이다.

소고기 수입 반대시위가 일어난 것은 대통령 선거 얼마 뒤여서 정권을 뺏긴 진영의 적의敵意가 고조되어 있을 때였다. 실제 촛불시위를 촉발한 MBC TV의 프로그램 〈PD수첩〉의 작가가 일기에 썼던 '하늘을 찌를 듯한 적개심'이라는 표현이 공개되기도 했다.

76-1

우리 정치인들의 무지는 자유주의에 대한 몰이해沒理解에서도 나타난다.

보수주의와 자유주의에 친근한 척하는 정치인들은 규제철폐를 말하지만, 자유주의를 실천하기 위해 먼저 반성할 자는 바로 정치인들이다. 규제의 뿌리는 권위주의에 있고 그 권위주의에 물들어 규제를 만든 장본인이 바로 정치인과 관료들이기 때문이다.

자유주의는 모든 종류의 권위로부터 해방을 추구하는데서 출발한다. 초기 자유주의는 왕의 통치를 '시민의 통치'로 대체하는 과정에서 '정치적 권위로부터의 해방'을 앞세웠다. 그런 정치적 권위를 스펜서Herbert Spencer는 간략하게 정의했다. '누군가의 인격적인 강제 아래 있을 때 그를 노예, 농노農奴, 가신家臣이라고 부른다.'

스펜서의 표현을 빌리자면 우리는 지금 정치인들의 노예거나 가신이 된다.

그런데 오늘날은 많은 경우에 법률 밖의 '사회적 강제强制'에 승복해야 할 때가 있다. 사회는 유기적 관계로 얽힌 공동체인 까닭이다. 자유주의는 각 개인이 누구로부터도 간섭받지 않는 독립적인 존재임을 상정하지만 그 한계는 바로 이 사회적 강제이다.

광장에서 벌이는 민중독재로 인해 민주주의가 왜곡되는 곳도 이 지점이다. '광장'이 곧 사회적 강제의 수단이 되는 것이다. 언론은 이런 사실을 아무런 비판 없이 충실히 전달하는 도구다.

77

사회주의도 민주주의와 친한 것인가?

오늘날 문명국들은 하나같이 민주국가이자 자본주의 국가다. 이제 지구상에 시장의 존재를 인정하지 않은 곳은 사실상 북한 외에는 없다. 그만큼 민주주의와 자본주의는 관계가 깊다.

그런데 대중들이 오해하는 것 중 하나는 사회주의를 수용한 정치체제도 충분히 민주주의를 할 수 있고 개인의 자유를 보장할 수 있다는 것이다. 소련과 중국에서 이미 허위로 판명난 이 사실이 진실처럼 통용되는 것은 바로 교육 때문이다.

사회주의나 공산주의 사회는 설사 정치적 자유가 주어진다 해도 이를 이행할 능력이 없다. 밀턴 프리드먼Milton Friedman이 적시한 바처럼 경제적 자유는 정치적 자유를 성취하기 위한 필수적인 수단이기 때문이다.

이 뻔한 사실을 왜곡하는 교육은, 교육이 아니라 좌파의 '선전'에 지나지 않는다. 그런데 이런 교육은 예외 없이 '참교육'이라는 허울을 쓰고 있다.

사회민주주의 등 범汎집단주의 사회도 마찬가지다. 집단주의에 속한 이념들은 정도의 차이는 있지만 다 개인의 자유를 제한한다. 그들은 더 큰 가치인 평등을 달성하기 위해 제한이 불가피하다고 말한다. 그런 사회는 빈곤한 다수의 전횡으로 인해 완전한 민주주의를 구현하기는 거의 불가능하다.

우리가 민주적 기본질서를 거론할 때 기본권 보장, 재산권 보장, 복수 정당제도, 선거제도, 대의정치, 권력분립 등을 든다. 역사상 등장했던 공산주의-사회주의 국가에서 이런 민주적 기본질서를 갖춘 나라는 단 한 나라도 없었다.

78

'자본주의의 위기'라는 말이 세계적으로 유행하고 있다. 그 위기를 돌파하기 위해 부자들의 반성을 강요한다.

오래전 나는 방송토론에서 '따뜻한 보수'라는 말을 한 적이 있다.(이회창 전 대통령후보 역시 이 용어를 썼다.) 보수주의 역시 빈부격차에 관심을 가지고 복지사각지대와 저소득층을 돕는 데 정부의 역할을 키우는 일에 동의해야 한다는 주장이다. 사실 그런 말을 쉽사리 이해할 정도로 대중은 이념이나 정치철학 따위에 관심이 없다.

이 '따뜻한 보수'와 유사하게 지금 세계는 '따뜻한 자본주의' 열풍이 불고 있다. '자본주의 4.0'이란 말도 언론에 오르내린다. 자본주의를 반성하고 시장주의가 기본적인 도덕성을 회복하자는 것이다. 가진 자의 탐욕이 죽은 마르크스를 살려낸다는 사실이 두려운 게 가장 큰 이유다.

그래서 자본주의4.0을 말하기 전에 진작 필요한 것은 인성人性을 회복시키는 인성교육이다. 자본주의의 융성을 부른 것이 개인의 욕구였다면 자본주의의 미덕을 파괴한 것 역시 개인의 지나친 탐욕이기 때문이다.

최근 들어 다시 자본주의의 위기가 다양하게 거론된다. 예를 들면 토마 피케티Thomas Piketty가 쓴 『21세기 자본론*Capital in the Twenty-First Century*』 같은 책이다. 피케티는 '돈이 돈을 버는 속도'가 '사람이 돈을 버는 속도'보다 더 빠르다는 것을 미국 일본 프랑스 등 20여 개국의 통계를 근거로 증명했다. 즉 임대료, 배당, 이자 같은 자본수익률이 임금 등의 경제성장률을 웃돌아 불평등이 심화된다는 것이다. 그의 주장은 사실 새로운 것은 아니지만 통계로 증명했다는 데 의의가 있다.

어떻든 자본주의에 대한 반성은 계속된다. 그 반성의 핵심은 불평등이다. 불평등이 심화될수록 하위층의 형편은 어려워지고 결국 자본주의 경제시스템은 균열이 가게 되기 때문이다. 그러나 한편 불평등할 권리는 대처의 말처럼 우리 모두의 권리다. 앵거스 디턴Angus Deaton 프린스턴대 교수는 『위대한 탈출*The great escape*』에서 불평등이야말로 성장의 원천源泉이라고 썼다.

78-1

대통령 선거가 다가오면 거대담론들이 판을 친다.

그렇게 된 건 후보들이 구체적인 정책으로 토론을 벌일 정도의 지식이 없는 것이 가장 큰 이유다. 그런 거대담론 중의 하나가 '따뜻한 자본주의'다. 이 말은 '다수의 빈자貧者와 소수의 부자'가 존재하는 한 정치인으로서 절대 손해 보지 않는 말이다.

세계적으로도 21세기 들어 '따뜻한 자본주의'를 말하는 빈도가 급속히 늘어가고 있다. 어느 나라나 자본주의 체제를 유지하는 한 빈부격차는 늘 문제되기 때문이다. 빈부격차는 애덤 스미스 당시부터 지적된 대표적인 '시장의 실패market failure'다.(세계의 문명국들은 하나같이 민주주의, 자본주의를 하고 있다.)

분명한 것은 이 말이 '경제민주화'라는 말과는 아무 상관이 없다는 것이다. 원래 '경제민주화'는 노동자가 기업경영에 참가하는 것을 주장한 독일 산별노조의 주장이다. 그러나 우리 좌파가 주장하는 '경제민주화'는 이와 다르며, '재벌의 경제지배'를 반대하는 것으로 보인다.

그리고 '따뜻한 자본주의'는 서구에서 한물간 보편적 복지 정책과도 무관하다. 오히려 서구는 빈부격차를 줄이고 빈자를 돌보는 '따뜻한 자본주의'를 주장하면서도 점점 사회주의화되는 경제와 특정집단(예컨대 귀족노조)의 이익을 대변하는 민주주의에 대한 경각심을 높여가고 있다. 이런 배경에는 '타락한 진보주의 문화'에 대한 경멸이 자리한다.

'경제민주화'란 말은 19세기 말 베른슈타인Eduard Bernstein의 정치민주화 경제민주화 사회민주화 3단계 민주화 강령제안에서 나온 것이다. 그 뒤 70여 년이 지나 사민당의 빌리 브란트가 집권하면서 독일 산별노조가 '국제민주화'를 더한 '4단계 민주화'로 다시 제안한다. 그 핵심은 노조가 기업 경영에 참여해야 한다는 '기업의사 공동결정제도'다. 실제 박근혜 캠프에 가담하면서 이를 주장한 김종인 박사는 채널A 방송에서 노조의 경영참여가 '경제민주화'라는 걸 밝혔다.

어떻든 '경제민주화'는 그 용어부터 잘못된 것이다. 경제는 결코 '민주화'할 수 있는 것이 아니다. 자본가든 노동자든 기업경영에 똑같이 한 표를 행사하는 것이 민주화라거나, 대주주든 소액주주든 똑같이 한 표를 행사하는 것이 민주화라거나, 더 나아가서 사회 구성원의 소득 평준화 혹은 부자와 빈자 간의 재산 평준화가 민주화라면 그건 곧 공산주의를 의미한다.

그렇지 않다면 좌파가 주장하는 '경제민주화'는 시장자유주의자들이 주장하는 '공정거래'와 상통한다고 할 것이다. 그런데 좌파들은 왜 공정거래란 말 대신에 선정적이고 뜻도 불분명한 '민주화'라는 용어를 고집하는 것일까? 그건 '민주화'라는 말이 가지는 선정성煽情性 때문이다.

79

민주주의는 시민이 자신의 '삶의 방식'을 스스로 선택하는 것이다.

정부는 그런 선택이 가능하도록 해야 한다. 모든 국민은 똑같은 자유를 향유享有하기 때문에 정부는 각 개인이 누리는 자유에 차등이 생기지 않도록 할 의무가 있다. 예컨대 특정지역에 직업선택이 제한되거나, 특정 집단에게 거주이전의 자유가 제한되어서는 안 되는 것이다.(그러나 모든 자유는 국가안전보장, 질서유지, 공공복리를 위해서 법률로써 제한하더라도 본질적인 내용을 침해할 수 없다. 헌법 제37조 2항 참조.)

그런데 오늘날 논의되는 개인의 자유는 그런 소극적인 자유에서 벗어난 적극적 자유positive liberty다. 가장 활발한 분야가 복지와 교육부문이다.

예를 들면 헌법은 '능력에 따라 균등하게 교육을 받을 권리'를 천명한다(제31조). 균등하다는 것은 차별이 없다는 뜻이다. 그렇다면 국가는 농촌과 도시는 물론, 부유층이 밀집한 지역과 그렇지 않은 지역에(예컨대 서울의 강남과 강북에) 같은 품질의 교육을 제공할 책임이 있다. 학교에 학생선발권이 없고, 학생이 자유롭게 학교를 선택하는 것이 아니라 입학이 강제되는 제도에서는 더욱 그렇다.

만약 그 품질이 다르다면 국가는 헌법에 명시된 의무를 다하지 못하고, 불평등을 용인容認하거나 강제하는 것이 된다. 그런 불평등을 해소하려고 대학입학 할당제 같은 '결과적 균등'을 추구하는 것은, 위법상태를 편법으로 해결하려는 것으로 또 다른 불평등을 낳는다.(지역할당제든 계층할당제든 경쟁의 결과를 무시하는 일종의 특혜다.)

그렇다면 인사청문회 때 자주 문제되는 위장전입(주민등록법 위반) 중에 교육목적의 위장전입은 '비난가능성非難可能性(가벌성을 의미하는 형법학 용어)'이 있는 것인가?

문제는 이런 적극적 자유에 관한 정치인들의 몰이해沒理解와 무관심이다.

오늘날 미국 리버럴리즘이 추구하는 자유가 바로 적극적 자유다. 영국에서 고전적 자유주의의 필연적인 흠결인 빈부격차의 확대에 대응해 나온 말로 뉴 리버럴리즘의 핵심가치이기도 하다.(뉴 리버럴리즘은 우리가 '신자유주의'로 부르는 '네오 리버럴리즘'과는 전혀 다른 이념이다.)

빈자貧者와 소외疏外된 자에게 단순히 '억압(정부의 억압과 다수의 억압)과 궁핍으로부터의 자유'가 아닌 동등한 인간으로서 누려야 할 자유를 처음 천명한 이는 철학자 토머스 힐 그린Thomas Hill Green이다. 이 적극적 자유는 흔히 '기회의 평등'을 보장하는 것으로 표현된다.

그래서 적극적 자유의 첫 번째 과제는 국가가 동등한 품질의 교육을 제공하는 것이다.

80

사회 문제 중에는 '구조적인' 결함 때문인 경우가 많다. 예를 들면 '빈곤의 영속화永續化(혹은 빈곤층의 영속화)' 같은 것이다.

중산층이 빈곤층으로 전락하는 것도 구조적인 데 기인하는 경우가 많지만 빈곤층의 계층이동을 막는 것 역시 마찬가지다.(구조주의Structuralism적 세계관은 사물들의 구조적 관계에서 억압과 불평등이 일어난다고 보는 점에서 좌파적이다.)

빈곤층을 위한 복지제도가 그중 하나다. 단적으로 최저소득층 중 일부는 복지혜택을 지키기 위해 '복지혜택의 총합總合보다 낮은 소득'의 일자리를 기피한다. 정확히는 기피하지 않으면 더 어려워지기 때문에 기피할 수밖에 없도록 한다.

이걸 해결하기 위해서는 기초생활수급자로 지정된 최저소득층에게 차상위층으로 올라갈 수 있는 최소한의 준비를 마칠 때까지 복지를 제공해주는 것이 필요하다. 그러나 현실은 그렇지 못하다. 복지가 필요한 숫자는 그 재원財源에 비해 언제나 많으므로 생계가 확보된 자에게 복지를 계속 베풀 수는 없기 때문이다.

결국 차상위층으로 오르는 사다리는 좀체 놓이지 않는다. 오히려 지금 같은 기초생활수급자 지정제도가 없을 때 빈곤층의 계층 상승이 더 쉬웠다는 이상한 결론이 나온다.

이 모순을 푸는 것이 바로 '선善한 정치'다.

보수주의는 복지와 친하지 않은가?

원래 '복지'를 추구했던 이념은 전통적 보수주의다. 에드먼드 버크가 『프랑스혁명에 관한 성찰』을 썼던 무렵엔 보수주의는 시장자유를 반대했다. 보수주의가 시장자유를 수용한 뒤에도 보수주의자들은 자본주의가 빈자貧者를 양산하고 전통적 사회구조를 파괴하며 지도층의 노블리스 오블리주마저 잊게 만든다고 생각했다. 그래서 정부가 빈자를 도와 빈부격차를 줄이고 국민들에게 기본적인 공공서비스를 제공할 것을 주장했다.

디즈레일리Benjamin Disraeli가 노동조합을 지원하고 공공임대주택, 공공의료, 식수를 제공하는 입법을 한 것과 비스마르크가 산재보험, 노령연금, 의료보험을 도입한 것은 그런 노력을 통해 급진 사회운동을 차단할 목적도 있었겠지만 근본적으로 사회안전망에 대한 염려가 보수의 덕목이었기 때문이다.

81

민주주의의 또 하나의 함정은 사법부의 무지無知와 독선獨善이다.

법관은 정의에 관한 한 최후의 해석자다. 그런데 법관이 도대체 무엇이란 말인가? 신神이 아닌 법관이 감히 정의에 대해 판단해도 좋다고 누가 권한을 부여한 것인가?

법관이 알고 있는 것은 법률뿐, 누구도 디케Dike(정의의 여신)가 될 수는 없다. 실체적實體的 진실에 대한 판단은 증거와 심증心證으로 한다손 쳐도, 그 진실을 기초로 정의를 재단裁斷하는 일을 한 개인에게 맡기는 것은, 그 법관이 아무리 뛰어나다 하더라도 위험한 일이다.

한 가지 예를 들겠다. 시민의 생명과 재산을 지키는 것은 국가의 의무다. 그리고 헌법이 안전보장과 질서유지 공공복리를 위해 법률로써 기본권을 제한할 수 있도록 한 것도, 바꿔 말하면 그것이 국가의 의무이기 때문이다. 그러나 공공선公共善을 위해 국가가 개입하는 것은 개인의 자율과 시장자유를 침해하는 것이 된다.

그렇다면 시장자유와 이에 상충하는 공공복리를 논할 때 기준을 어디에 두어야 하는 것인가? 예컨대 공리주의功利主義, utilitarianism의 구호인 '최대다수의 최대행복'이 정답이라고 하더라도 이를 어떻게 설정할 것인가? 법관이 그런 걸 논할 정도로 미래와 다음세대에 대해 예언자적 지혜를 가지고 있는 것인가?

그래서 민주주의가 법관의 독선으로 치닫지 않기 위해선 법관의 독단獨斷을 제어하는 여러 장치가 필요하다. 정직한 가치중립적인 언론이 있다면 그런 장치가 될 것이다.

오늘날 공리주의를 추구하기 위해 개인의 권리를 침해한다는 건 많은 논란을 부른다. 게다가 무엇이 최대다수의 '최대행복'인지도 명확하지 않다. 그러나 오늘날에도 '철학적 급진주의'였던 공리주의를 완전히 배제한 정치철학은 없다. 제레미 벤덤Jeremy Bentham이 만든 '총체적 공리주의'는 동료 제임스 밀James Mill의 선거권 확대 주장으로 연결된다. 그의 아들인 무학의 존 스튜어트 밀은 지성적 쾌락을 높게 평가함으로써 '개인의 즉각적인 행복추구'보다 '공공선公共善에 기여하는 삶'을 더 행복한 상태로 이해했다. 이런 밀의 생각이 리버럴리즘-현대 자유주의로 변화하면서 공리주의는 오늘날 존 롤스John Rawls의 새로운 정의론으로 발전한다. 그러면 공공선을 주장한 밀은 좌파로 불러야 하는가?

81-1

정의란 무엇인가? 이 질문은 민주주의의 가장 오래된 질문이다.

좌파가 득세하는 시대에는 어김없이 정의와 함께 공공선公共善 common good이 등장한다. 인간은 공존적共存的 존재라는 사실을 앞세우면서 사익私益, Individual Interest보다 공익公益, public interest을 먼저 추구해야 한다는 것이다.

그러나 인간은 이기적이어서 설사 공익에 깊이 공감한다 하더라도 공익을 위해 자진하여 사익을 포기하거나 사익 포기를 쉽게 감수하려 하지 않는다. 범汎집단주의의 병폐는 공익을 우선시키는 과정에서 개인의 자유를 근본적으로 훼손한다는 점이다.

우리가 공공선을 추구하는 것은 '사회연대를 통해 서로 간에 신뢰가 구축되어야 한다'는 걸 전제한다. '자유주의 급진좌파' 정치철학자인 마이클 샌델Michael Sandel의 '시민적 공동체주의'는 그래서 이상론에 머무른다.

무엇보다도 개인은 연대連帶에 익숙하지 않다. 공동共同의 이익이자 공공公共의 이익이 되는 이익이 존재한다 하더라도 그 이익을 좇는 각 개인의 사정은 다 다르므로, 개인은 강제당하지 않는 한 공공선을 위해 생각처럼 쉽게 연대하지 않는다. 그건 결코 샌델이 말하는 덕성德性의 문제가 아닌 것이다.

우파 역시 덕성 함양을 추구하지만 전통을 중시하는 범위 안이어서 급진적이지 않다. 분명한 것은 인간은 이기적 존재이고, 여유가 있을 때 비로소 이웃과의 공동선共同善, joint interests을 생각하는 존재라는 사실이다.

'시민적 공동체주의'는 급진좌파radical Left다. 그들은 '시장의 실패'를 현존하는 법률과 제도로는 막아내지 못했다는 점을 강조한다. 이런 생각은 모든 이가 경제적 부를 충족할 수 있는데도 분배의 불평등으로 인해 대다수 국민들이 필요한 재화를 구매할 소득을 갖지 못한 때 자본주의의 붕괴가 온다는 마르크스주의의 주장과 같다. 이걸 무력화시키는 방법은, 자본주의에 온기를 불어넣는 일 하나밖에 없다.

샌델은 '자신의 권리와 충족'을 넘어 공동체에 대한 도덕적 연관으로 타인과 공동선을 추구할 수 있다고 주장한다. 그러나 인간의 본성은 그리 선하지 않다. 설사 자신이 속한 공동체에 지극한 애정을 가지고 있다손 치더라도 자신의 이익과 충돌할 때 대부분의 인간은 자신의 이익을 선택한다.

82

우리 정치의 비극은 비례대표제比例代表制에 있다.

우리 민주주의는 비례대표제로 인해 타락했다. 한때 '전국구全國區'로 불린 비례대표제는 대표적인 매관매직賣官賣職 제도로 부패의 온상이었다. 당연히 국가적 인재보다는 권력자의 충복忠僕들과 전주錢主가 그 자리에 앉았다. 이런 적폐가 계속되면서 정당은 보스 중심의 패거리가 된 것이다.

심지어 당을 바꿔가면서 '돈을 내고' 비례대표 의원을 계속한 자도 있다. 최악의 사례로는 정당사政黨史에 유례없이 특정인물을 명칭에 내건 정당인 '친박연대'에서 돈을 받고 비례대표 1번으로 무명의 양모 씨를 내세웠다가 유죄판결을 받은 것이다. 그러나 당시 어느 정당도 이런 매관매직에서 자유롭지 못했다.

비례대표제는 원래 지역구 선거로 당선되기 어려운 전국적 인물과 의회에 꼭 필요한 전문가와 소수자를 대변할 인물을 당선시키기 위한 것이다. 때문에 권력분립이 명확한 대통령제에서 비례대표제를 두는 것은 대단히 예외적인 현상이다.(대통령제는 소선거구 지역구 선거가 일반적이다.)

그런데도 비례대표제의 역할이 있었다면 남녀 교차공천에 따라 몇몇 여성 유명인들(결코 명망가가 아니다)의 정치 입문 창구역할을 한 것과 지역구에서 당선되기가 거의 불가능한 급진좌파의 의회 진출을 가능하게 했다는 정도다.(그것이 순기능順機能이라는 것은 아니다. 급진-극단 좌파의 의회진출이 없었다면 지금보다 더 나쁜 세상이 되었을까? 그 답은 다 다를 수밖에 없다.)

어떻든 민주정당이라면 후보의 선출은 당원들이 해야 한다. 그런데 실제는 그렇지 않다. 공천심사위원회가 있지만 허수아비일 뿐, 비례대표 후보 공천은 전적으로 권력자의 몫이다. 결국 권력자가 자의恣意로 '발탁'하는 까닭에, 전문적 지식보다는 돈이나 사적인 인연, 선거 캠프에서의 공로 따위가 작용하게 된다.

그런 것들이 개입하지 않은 공천도 다분히 즉흥적이고 전시적展示的이다. 예컨대 장애인을 대표한다면서 굳이 장애인을 공천하거나 청년대표를 뽑는다면서 국정 어젠다에 이해가 부족한 젊은이를 뽑는 것이다. 이런 식의 '선발'은 결코 비례대표를 둔 취지와 맞지 않는다.

82-1

국민은 비례대표 의원의 정당성을 질문할 수 없는가?

각 정당의 당선권 안에 든 비례대표 후보들은 국회의원으로 지명 받은 것과 같다. 그래서 그 공천을 권력자의 뜻대로 한다면 그건 권력자가 독단으로 의회를 구성하는 일이 된다.

대부분의 비례대표 공천절차는 형식적인 요식행위要式行爲에 불과하다. 국민이 그 정당성을 물을 기회를 원천적으로 봉쇄하고 있는 것이다.

사실 민주적 절차를 통해 비례대표 후보를 선출한 건 급진-극단좌파極端左派, extreme Left 정당뿐이다. 그나마 권력다툼이 벌어지면서 선출과정에 부정이 개입했다. 그런데 권력자의 자의恣意로 비례대표를 공천하는 거대정당들이 이걸 부정선거라고 공격하는 건, 솔직히 소가 웃을 일이다. 적어도 급진-극단좌파 정당의 비례대표 선출은 민주적 외관이라도 갖추었기 때문이다.

레닌은 '무엇을 할 것인가'라는 팸플릿에서 계급혁명을 위해 '무엇이든 할 수 있다'고 결론지었다. 그런 패권주의覇權主義가 우리 진보좌파 그룹을 지배한다.

우리 좌파는 사회민주주의자와 사이비 좌파인 주사파, 그리고 급진 페미니즘, 급진 환경주의자와 대중에 아직 덜 알려진 급진민주주의그룹 등이 혼재해 있다.(이런 다양성이 우리 좌파가 대단히 광범위하다는 오해를 부른다. 그런데 그들은 대개 자신이 어디에 속하는지 모르고 있다.)

문제는 이 중에서 민주적 기본질서에 반하는 주체사상의 추종자가 당당히 비례대표로 선출되었다는 사실이다. 국민들이 그들에게 사상을 물을 권리는 없는가? 그들로부터 '나는 북한 김정은을 추종하지 않는다'라는 대답을 들을 권리는 없는 것인가?

새누리당은 놀랍게도 다문화가정의 대표로 이자스민 씨를 비례대표 후보자로 공천했다.(대통령선거에서 다문화 가정의 지지를 받을 목적이었다.) 소수자를 의사결정에 참여시키자는 건 '급진민주주의' 이념이다. 그렇다고 해서 공동체의 역사와 환경에 대한 충분한 이해가 없는 자를 참여시키자는 것은 아니다.

그런데도 이런 공천조차 비판하지 못하는 언론은 또 무엇인가?

83

권력자가 공천권을 쥐고 있는 한 민주주의는 요원하다.

이른바 당권黨權의 핵심은 공천권이다. 당권이 존재하는 정당은 상향식 민주주의를 할 수가 없다. 당권을 쥔 보스들이 자신들의 권리를 포기하지 않는 까닭이다. 당연히 당 내 민주주의도 없다.

사실 '당권'이란 용어는 대통령제와는 거리가 있는 말이다. 당의 의사를 당 대표가 독단獨斷해서 안 된다는 걸 넘어 개별 국회의원은 대통령을 견제하는 헌법기관이기 때문이다. 이는 크로스보팅이 민주주의의 원칙인 이유이기도 하다.

오늘날 우리 정당들은 대부분 집단지도체제이고 그 우두머리를 대표라고 부르지만 사실 정당의 민주적 태도는 체제나 명칭과는 상관이 없다.(이른바 단일지도체제는 우두머리를 총재라고 부른다.) 집단지도체제 역시 민주주의와는 거리가 먼 전제적專制的 태도를 버리지 못한 것이다.

당 대표는 대부분 최대 계파의 수장으로서 당의 공천을 직접 행하지는 않더라도 공천심사위원회를 통해 사실상 전단專斷한다. 때로는 계파의 보스끼리 그 세력판도에 따라 철저히 나눠가진다.

그런데도 이런 일이 민주적 절차로 포장되어 태연히 벌어지는 것은 우리 정치지도자들이 아직 민주주의를 할 함량含量이 아니라는 단적인 증거다. 나아가 이런 자들이 통치자가 되었을 때 민주주의라는 외관적 형태만 갖출 뿐, 독재가 벌어지게 되는 것이다.

그래서 민주주의를 하려면 정당 내 민주주의부터 회복하여야 한다. 상향식 공천은 필수적이다. 정당의 사무총장, 대변인도 없애야 할 직책이다. 민주정당은 사회주의 계급정당과 달라 조직관리를 책임지는 사무총장이란 직책이 필요하지 않다. 더욱이 당의 통일된 의견을 공표하는 대변인 직은 정당 민주주의와 정면으로 배치된다.

84

정치인은 정책에 민감한 것이 아니라 표票에 민감할 뿐이다.

장담하건대 그 어떤 경우에도 정치인은 표를 잃고 싶어 하지 않는다. 표를 위해서라면 이념적 변절조차 언제든 할 수 있다. 선거를 앞두고서 명색이 보수주의자를 표방하던 정치인이 포퓰리즘 정책을 쏟아내는 것도 전부 표를 얻기 위한 것이다.

이러다 보니 정치인은 정책에 대한 공부를 할 이유가 없어진다. 시세時勢에 따라 대중의 기호에 맞춰 행동하면 '대중과 함께 호흡하는' 촉망받는 정치인이 되는 것이다.

지역 맹주盟主의 뜻에 순종하는 정치인도 표 때문이다. 맹주의 뜻이 곧 유권자의 표심으로 연결되다 보니 맹주는 곧 자신의 목숨을 쥐고 있는 염라대왕 같은 존재다.(과거 김영삼 · 김대중 두 대통령이 영남과 호남을 기반으로 한 정치는 민주화 운동의 과정에서 형성된 것이지만 반민주적인 것은 분명하다.)

그것뿐이 아니다. 지역구의 민원성 현안은 다음 선거에서 당락을 좌우한다. 그래서 의원들은 결사적으로 그런 민원을 해결하려 든다. 예산심사소위에 쪽지들이 난무하는 이유다. 오직 선거에서 승리가 목적인 이런 지역이기주의 앞에 국가는 없다.(문제는 이런 의원들을 지역구 관리를 잘 했다 하여 칭찬하는 언론의 태도다.)

결국 다음 세대를 생각하지 않고 다음 선거만을 생각하는 정치인의 태도가 '정치의 후퇴'를 부른다. 민주주의가 성숙하려면 그런 정상배政商輩보다 공동체의 미래를 고민하는 정치인이 정치를 주도해야 한다.(정치인은 다음 세대를 생각하지만 정상배는 다음 선거를 생각한다.)

84-1

정치인의 첫 번째 정책은 중산층을 확산하는 정책이다.

대개 정치인이 부유층보다 저소득층에 더 관심이 많은 것은 그들이 박애주의자거나 평등주의자여서가 아니다. 다만 저소득층의 숫자가 압도적으로 많기 때문이다. 만약 부유층의 숫자와 저소득층의 숫자가 비슷하다면 대부분의 정치인은 부유층을 위한 정책을 입안立案할 것이다. 부유층을 위한 정책을 만드는 일은 저소득층을 위한 정책처럼 골몰할 필요가 없기 때문이다.

사실 '빈곤의 영속화'는 모든 정치인과 관료들이 고민해야 할 문제다.

계층이동이 불가능한 사회, 계층상승의 사다리가 놓여있지 않은 사회는 '극단적인 좌파'가 자생自生하는 토양이 되는 사회다. 균등한 기회가 주어지지 않아 불평등한 분배가 고착화되면서 빈곤층이 확대되면 '부의 총량이 충분함에도 대다수 시민들이 필요한 재화를 구매할 수 있는 소득을 갖지 못하는' 사회가 되기 때문이다. 이것이 바로 마르크스가 예견한 프롤레타리아 계급혁명의 조건이다.(경제결정론이라고 한다.)

그래서 극단좌파의 등장을 막으려면 중산층을 확산시켜야 한다. 좋은 일자리를 만들고 합리적인 분배로 가처분 소득을 늘려야 한다. 더 나아가서 빈곤층이 중산층으로 오르는 사다리를 놓아야 한다.

이 쉽지 않는 길이 더 나은 사회로 가는 유일한 길이다.

1992년 소련의 해체와 동구권 붕괴로 전체주의는 몰락했다. 이것은 자유주의의 승리인가, 아니면 신보수주의의 승리인가? 분명한 것은 마거릿 대처와 로널드 레이건Ronald Reagan이 추구했던 '자유의 확산'만이 원인은 아니라는 것이다. '러시아 자유주의혁명'은 러시아에서 광범위하게 형성된 중산층의 자유에 대한 원초적인 갈증이 촉발한 것이다. 교사와 과학자 등 전문직 그룹은 '스스로 선택할 수 있는 적극적 자유positive liberty'를 얻기 위해 혁명에 가담했다.

85

정치인은 사회의 가장 어두운 곳을 목격할 의무가 있다.

정치인이든 지식인이든 마치 어두운 곳을 잘 아는 양 말하지만 모두 거짓이다. 그들이 알고 있는 것은 피상皮相일 뿐, 결코 '저 아래의 진실'을 알지 못하고 또 알려 하지 않는다. 그들은 '어둠의 농도'를 지레짐작하면서 습관적으로 과장할 뿐이다. 그러나 진실은 그들이 한 과장보다도 더 어둡다.

한 예를 본다.

정치인의 못된 태만으로 이미 사문화死文化한 '윤락행위 등 방지법'과 별반 차이가 없는 '성매매처벌특별법' 같은 법이 만들어진다. 이 법의 제정에 나선 자들은 단언컨대 성매매로 나아갈 수밖에 없는 사정事情들은 짐작조차 못했다. 그래서 성매매를 엄벌하고 성매매에 나선 여성에게 미용기술 같은 걸 가르치면 문제가 해결된다는 희극적인 발언들을 쏟아냈던 것이다.

'세상의 어느 여자가 몸을 팔고 싶겠는가?' 정치인은 이 간단한 질문조차 생각한 적이 없다. 몸을 판다는, '최후의 교환'에 나선 여성에게는 그럴 수밖에 없는 절박함이 있다. 대개 본인의 책임이라기보다는 가족에게 덮친 불행 탓이다. 예컨대 가족 가운데 희귀병 환자가 있거나, 아버지의 파산과 어머니의 가출이 겹쳐 부양책임을 떠맡을 수밖에 없는 경우 등이다. 이런 '누구에게나 닥칠 수 있는 일'로 인해 본인의 어떤 잘못도 없이 그들은 최후의 교환에 내몰린 것이다.

그 최후의 교환은 절벽에 내몰린 절박한 한 인간이 붙잡고 있는 구명줄이다.

85-1

자본주의가 '역사의 종말'이 되기 위해서는 각 개인에게 최소한 자기가 책임질 수 없는 일로 인해 '절벽'을 만나는 일이 없어야 한다.(프랜시스 후쿠야마는 자본주의를 두고 『역사의 종말』을 썼다.)

그런 절벽은 우리 모두의 책임이다. 인간은 언제나 패배하고 있고(볼프 슈나이더의 말이다.) 누구든 '최후의 거래'에 나설 수도 있다는 사실을 깨달아야 한다. 패배자를 이해하고 그들에게 '인간다운 삶'과 함께 기회를 부여하지 않는다면 자본주의의 미래는 또 다른 대안을 찾을 수밖에 없을 것이다.

그래서 정치인에게 '복지사각지대'와 '빈곤의 영속화'는 반드시 풀어야 할 숙제다. 이 숙제를 외면하거나 게을리 한다면 그는 정치를 할 자격이 없다.

우리 사회의 200만 독거노인 중 부양책임이 있는 자식과 인연이 끊어진 9만 5천 명은 문자 그대로 복지사각지대다. 소년소녀가장도 정부가 파악하고 있는 3천 명보다 몇 배가 된다. 2만 명으로 추산되는 희귀병환자는 건강보험 제도의 맹점이다. 매춘여성 대부분은 복지사각지대 출신이다.

회복불능의 패배자를 양산하는 원인은 무엇일까? 그중 하나가 카지노와 경마 같은 도박이다. 불법도박도 기승을 부린다. 그런데도 정치인들은 업계의 농간이나 로비에 넘어가 카지노와 경마 같은 도박산업을 레저산업이라거나 외화획득산업이라고 포장한다. 김대중 정부 때 만든 정선 '강원랜드' 카지노와 노무현 정부 때의 '바다이야기'로 인해 파괴된 가정은 짐작조차 할 수 없을 정도로 많다.

86

모두를 만족시키는 정책은 없다.

부작용이 전혀 없는 약은 없다. 그 어떤 선약仙藥이라도 그렇다. 특별한 효험이 있는 약은 의외의 부작용이 따른다.

마찬가지로 부작용이 없는 완벽한 정책은 없다. 특정 정책으로 피해를 입거나 손해를 보거나 불편을 겪거나 감정을 상하는 사람은 반드시 있다. 그것도 아주 많이 있는 것이다.

그래서 정책을 논의하고 법률을 제정할 때는 언제나 갈등이 증폭된다. 그런 갈등을 풀기는 정말 어렵다. 그래서 우리가 특정 정책의 선악을 논할 때 '이익교량利益較量'을 한다. 그 정책을 펴서 얻는 이익과 정책으로 인한 불이익의 총량을 비교하는 것이다.

문제는 이익교량을 하는 자가 그런 교량을 해도 좋을 정도의 능력과 도덕 수준을 가지고 있는가의 여부다. 불법적인 로비도 교량을 방해하지만 무엇보다도 교량의 정당성을 해하는 건 대중의 표를 의식하는 정치인의 태도다. 특히 그 대중이 자기 진영에 속한 경우 거의 모든 정치인은 거기에 구속된다.

정의를 위해서 그런 유혹을 이겨내는 정치인이 큰 정치인이다.

87

민주적 의식이 부족한 정치인일수록 국가를 자주 언급한다.

대중은 '국가의 영광'을 개인의 창의와 성취보다 더 높게 평가하는 사고가 지배한다. 그렇지 않은 국민은 소수다. 개인주의가 뿌리내린 지 오래된 서구 사회도 '국가의 영광'에 열광한다. 올림픽이나 월드컵 경기에서 집단광기集團狂氣와 유사한 응원전이 펼쳐지는 이유다.

오늘날은 덜하지만 국기를 성스럽게 대하고 감격에 젖어 국가國歌를 부르는 것도 마찬가지다. 파시즘은 그런 속성을 집단의 가치 혹은 국가의 권위와 접목椄木시킨 것이다.

'국가에의 귀속'은 특히 자유를 부담스러워하는 부류와 아직 사리를 잘 분별하지 못하는 청소년층을 열광적인 '정치적 단합'으로 몰아간다. 과거 무솔리니Benito Mussolini의 '검은 셔츠단', 나치스의 '히틀러유겐트'가 그것이다.

무솔리니와 히틀러 둘 다 사회주의자였다. 무솔리니는 공산주의자였던 아버지를 존경했고 히틀러는 국가사회주의를 신봉했다.

교사 출신의 무솔리니와 하사관 출신의 히틀러가 '국가'를 외친 것은 막연한 사회주의 지식 외에 별다른 정치철학이 없었기 때문이다.

국가주의는 여러 의미로 쓰인다.

플라톤적 개념은 국가가 최고선最高善이라는 것이다. 근대 이후 사회계약론이 등장하면서 홉스Thomas Hobbes는 국가절대주의의 개념을 제시한다. 만인의 만인에 대한 투쟁 상태에 놓인 각 개인은 생존의 필요에 따라 국가에 자연권을 양도하는 계약으로써 국가에 복종한다는 것이다. 국가는 합법적이고 정당하며 절대적으로 우월하다.

이러한 개념 외에도 국가주의를 국수주의國粹主義,ultranationalism로 이해하기도 한다. 국수주의는 극단적인 국가주의로서, 다른 국가에 대해 배타적이고 초월적인 태도를 일컫는 용어다. 대개 국수주의는 극우極右, extreme Right 이념에 해당하지만 나치즘처럼 국가사회주의에서도 나타나는 것으로 좌우와 상관없는 극단주의다.

87-1

자신의 이념과 상반相反되는 민족주의를 외치는 것은 공산주의자의 오랜 전략이다.

그런데 오늘날 그런 공산주의자도 아닌 종북從北주의자들, 그리고 이른바 진보주의자를 사칭하는 사이비 좌파들이 유독 '민족'을 자주 찾는 이유는 무엇인가?

민족주의는 원래 우파가 즐겨 말하는 용어다.(대부분은 급진 우파들이다.) 초기 전위당 공산주의자들이 원류 마르크스주의자들과는 달리 민족주의를 강조한 것은 대중의 반발을 억제하기 위한 전략이었다. 그들의 민족주의는 어떤 이론적 근거도 가지고 있지 않았다.

스탈린의 사주를 받은 아시아 아프리카의 약소국과 신생국을 중심으로 유사類似 공산주의의 통치자들은 제국주의의 대항논리로 민족주의를 내세웠다. 물론 제국주의의 상징은 늘 미국이었다. 그러니까 민족주의는 반미反美의 논리였던 것이다.

북한이 이를 받아 '우리 민족끼리'를 외치고, 반미를 외치는 것도 바로 그 때문이다. 우리 중에서 그런 북한과 같은 주장을 하는 것은 두 가지 이유에서다. 하나는 문자 그대로 '종북주의자'인 것이고 또 하나는 '철학의 빈곤', 즉 무지無知 때문이다.

민족주의와 공산주의 간 연계가 나타난 것은 1889년 7월 카우츠키Karl Kautsky가 주도한 제2인터내셔널The Second International 이후다.(제1인터내셔널은 1864년 마르크스와 원류 좌파들이 만든 국제노동자협회다.)

19세기 말 자본주의가 확대되고 제국주의와 함께 식민지 시대가 전개되면서 국제노동운동도 새로운 '실천적 과제'를 안게 됐다. 독점자본의 전복을 위한 '노동계급'의 당 조직이 요구된 것도 이 무렵이다. 한편 국제노동운동은 식민지 해방운동으로 변질되는 한편 마르크스주의에 대한 반성으로 수정주의修正主義, revisionism가 대두했다. 수정주의는 카우츠키를 비롯한 원류 마르크스주의자로부터 혹독한 비판을 받았지만 오늘날 서구 사회민주주의의 뿌리가 된다.

이런 영향으로 아시아 아프리카 신생국가들에서는 공산주의와 민족주의가 결합한 여러 형태가 나타났다. 신생국에서 원류 마르크스주의가 적용되기 어려웠던 것은 무엇보다도 공업화가 안 된 탓에 마르크스가 전제한 '다수의 임금노동자'들이 없었던 때문이다. 그러나 신생국의 변형 공산주의는 여러 부작용을 드러냈다. 대표적인 것이 프롤레타리아 계급혁명 대신 등장한 모택동의 '인민전쟁' 교의다. 이 개념은 중국과 비슷한 환경의 베트남 캄보디아 등지에서 맹위를 떨쳤다.

[87-2]

'국가'를 명분으로 자주 내거는 것은 그것이 가장 편한 통치수단이기 때문이다.

원래 국가라는 공동체에 회의를 가지는 사상은 원류 좌파였다. 마르크스주의자들은 프롤레타리아트가 확대되고 부르주아지가 극소수가 될 때 필연적인 계급혁명으로 사유재산권은 완전히 철폐되고 누구나 평등한 사회가 온다고 믿었다.(과학적 역사관이라고 한다.) 국가는 그때 존재하지 않는다.

무정부주의자들은 대체로 모든 법, 종교 등 사회를 규율하는 형식과 제도를 폭력으로 이해한다. 국가는 당연히 '최고의 폭력'이다.

그런데 마르크스주의에서 파생한 공산주의와 그 아류들은 하나같이 국가라는 공동체에 의미를 부여했고, 마오이즘(모택동주의)이나 유사 공산주의는 민족주의를 끌어대 지배도구로 삼기도 했다. 김일성은 그중에서도 대표적인 '사교邪敎'의 교주였다.

사실 멀쩡한 민주주의 국가에서 통치자가 '국가'를 강조하는 건 난센스다. 그런데도 민주주의 국가에서 그런 일이 자주 일어나는 것은 그것이 통치자에게 매우 편리한 통치의 수단이기 때문이다. 무엇보다도 '반反정권'이 '반국가'로 인식될 가능성이 높아지면서 정권의 반대파를 쉽게 제압할 수 있기 때문이다.

소련-소비에트연방은 '국가성'보다는 '이념성'에 치중한 대표적 국가였다. 결국 러시아 자유주의 혁명으로 해체된 뒤 각국은 '국가'를 회복하면서 '국가적 이익' 때문에 갈등을 빚고 있다. 중국은 '국가성'을 잃지 않은 대표적 공산주의 국가였다. 모택동 사후 등소평이 자본주의를 수용하고 시장적 사회주의market socialism로 이행하면서 '국가성'이 더 강화되고 있다.

우파에서 종국적인 국가의 소멸로 나아가는 이념은 세계화주의globalization다. 그런데 일반적으로 범자유주의자 그룹에서 국가공동체에 대한 지향성은 보수주의자보다 현대 자유주의자liberalist-'리버럴'에게 더 높다.(많은 정치학자들이 이 점을 오해한다.) 보수주의자들은 개인의 자유와 책임을 강조하는 데 비해 리버럴은 빈부격차를 비롯한 수많은 사회, 경제문제들을 국가가 해결해야 하는 문제로 인식하기 때문이다. 다만 안보문제에 있어서는 리버럴과 보수주의자 간 큰 차이가 없다.

88

정치적 함량含量이 부족한 정치인일수록 '국민'을 자주 언급한다.

대개 정치 지도자는 거의 습관적으로 자신의 주장에 '국민'을 끌어들인다. 그건 정치에 필요한 지식이 너무 부족하다는 결정적인 결함을 가지고 있기 때문이다.

놀라운 것은 머리가 빌수록 자신이 무지하다는 사실을 모른다는 것이다. 그러니까 무지할수록 무지함을 모르는 것이다. 그런 까닭에 공직 후보들의 토론은 정책을 다투는 자리가 아니라 상대를 흠집 내는 자리로 전락한다.

사실 함량이 부족한 자는 정책에 대한 설명을 통해 국민을 설득할 길이 없다. 정책의 겉만 알지 그 정책의 효과라든지 부작용에 대해서는 모르기 때문이다. 정책에 필요한 재원財源도 당연히 알지 못한다. 그래서 누가 물으면 '국민'에게 모든 것을 미루는 것이다.(이른바 페이고pay-go 원칙은 재원을 마련하지 못하면 법안을 제출하지 못하도록 하는 것이다.)

게다가 정략에 불과한 정책을 두고 '국민이 원한다면'이라고 둘러대거나, 자신의 뜻에 불과한 정책을 '국민의 뜻'으로 미화한다.

결국 이런 말들은 선동에 불과하다.

그런 말들을 한 꺼풀 벗기면 진의眞意가 보인다. '국민의 뜻에 따르겠다'는 말은, 일종의 역발상으로 국민의 지지가 별반 높지 않은 정책을 관철할 때 쓰는 말이다. '국민의 눈높이에 맞춰' 라는 말은 대부분 정치지도자가 사위적詐僞的 결정을 숨기기 위해 하는 변명이다. 좀 더 뻔뻔한 경우는 '오직 국민만을 바라보고'라든지, 아예 노골적으로 '국민을 위해'라는 표현을 쓰기도 한다.

이런 일이 가능한 것은 민도民度가 낮아서이기도 하지만, 대중은 원래 '국민'을 내세우는 단순한 선동에 약하기 때문이다.

이것이 바로 우리 정치가 후진적 형태를 벗어나지 못하는 결정적인 이유다. 알렉시스 토크빌Alexis de Tocqueville의 명언이 있다.

'모든 민주주의에서 국민은 그들의 수준에 맞는 정부를 가진다.

88-1

'국민'을 찾는 자는 언제든 반反민주주의의 유혹에 빠질 수 있는 자다.

'민주주의의 반대말은 '권력의 독점'을 뜻하는 독재다. 그러나 '민주주의는 개인이 권력을 창출한다'는 의미에서의 반대말은 개인의 집합체인 '전체가 권력을 창출한다'는 전체주의全體主義다.

20세기 중엽부터 쓰인 이 말은 파시즘과 군국주의軍國主義 등을 가리키다가 나중에는 일당독재一黨獨裁 또는 일인독재의 공산주의 체제를 부르는 말로 통용되었다. 민주주의는 개인주의를 바탕으로 하는데 전체주의는 집단의 이익을 앞세워 각 개인을 통제하므로, 집단주의集團主義, collectivism라는 말 역시 민주주의와 상반된 것이다.

그래서 독재와 전체주의는 동의어라 할 수 있다. 전체주의의 방편으로 인종주의나 국가우월주의를 외친 파시스트와 집단의 우위를 내세운 레닌 스탈린 같은 독재자들은 그 정당성을 하나같이 '국민'에게서 찾았다.

오늘날에도 민주주의가 천박해지면서 '국민'을 찾는 정치인이 늘어나고 있다. 그것은 민주주의에 대한 이해가 부족한 탓도 있지만, 인기영합적인 태도에서 기인한다. '국민이 원한다면', '국민의 뜻에 따르겠다', '국민이 결정할 것' 등 무엇이든 보이지 않는 실체인 국민을 자신의 행동에 정당성을 부여하는 근거로 삼는 것이다.

이런 태도는 곧 국민을 속이고 모독하는 것이다. 필요에 따라 언제든 국민을 자신의 결정에 배후로 세우려 드는 것은 스스로 국민과 일치되어 있다고 믿기 때문이다. 곧 반민주주의-독재의 유혹에 빠져드는 것이다.

물론 그 '국민'은 자신만의 국민이다.

제 4 부

민주주의의 타락

우리 정치는 몇 류인가? 이 질문에 대한 답은 언제나 같다. 3류라는 것이다. 사실 아무리 좋은 정치도 1류라는 평가를 받기는 불가능하다. 민주주의는 어차피 비효율적인 제도이기 때문이다.

[89]

우리 정치판에서 보수주의가 뿌리내리지 못한 건 불가사의한 일이다.

우리는 보수주의 정당이 없다. '유사類似 보수주의'였던 한나라당은 2012년 새누리당으로 개명하면서 당의 정신에서 공개적으로 '보수'를 제외했다. 기회주의자들이 빚은 비극적 변신이었다.

사실 오래전부터 우리에겐 '보수'는 있었지만 보수주의는 없었다. 그건 보수주의에 대한 대중의 오해가 한 원인이 됐다. 민주화운동 세력 일부가 좌파와 연대함으로써 좌파로 분류된 반면, 박정희 대통령의 진보주의적 정치가 '반공反共'을 확실히 하면서 국민들에게 보수주의로 각인된 것이다.

박정희는 본원적 자본이 거의 없던 나라에서 '경제개발 5개년 계획'이라는 프로젝트로 상징되는 계획경제를 통해 경제성장의 기초를 다진 대통령이다. 그는 비단 경제뿐 아니라 국정 전 분야에서 많은 진보적 정책을 집행했다. 그 과정에서 국가의 거의 모든 분야가 1인 통제 아래 있었다. 새마을운동, 산림녹화, 그린벨트, 국민교육헌장, 의료보험 도입 등은 국가가 주도한 대표적인 진보정책들이다. 유신독재 역시 보수주의와는 거리가 멀다. 오히려 보수주의와 가깝다고 할 수 있는 건 '보수야당'의 김영삼 · 김대중이 주도한 민주화운동이다.

현대 보수주의는 경제는 시장자유를, 사회문화적으로는 전통과 상식을 존중하는 태도를 가진다. 이런 보수주의의 핵심은 자유와 그에 따르는 책임이다. 자유주의의 요소인 사적자치私的自治를 기반으로 하기 때문이다.

그런 뜻에서 이 나라에 보수주의는 없다. 자유를 누릴 뿐 책임을 다하지 못한 자들이(예컨대 병역회피자들) 공동체에 대한 발언권을 행사하는 걸 용인하는 보수주의가 있는가? 대중에 영합할 목적으로 공적公的 통제의 확대를 주장하는 보수주의가 있는가? 빈곤층의 인간다운 삶을 보장하는 것과는 상관없이 보편적 복지를 주장하는 보수주의가 있는가? 부패에 눈감는 보수주의가, 안보를 팽개치는 보수주의가 있는가?

보수주의에 대한 이런 오인誤認과 오해가 계속되면서 기회주의자들이 보수주의자로 행세하게 만들었다. 그 결과 우리의 보수는 낡고 고루하며 이기적인 부패집단으로 보이게 된 것이다.

보수주의에서 말하는 자유는 '선택'을 의미한다. 나는 보수주의를 자유주의와 결합시킴으로써 그러한 선택이 확장성을 가지게 된다고 믿는다. 이는 곧 자유주의 국가에서 자유를 추구하면서도 병역과 납세의 의무 같은 공동체에 대한 의무를 회피하는 자를 응징할 수 있는 도덕적, 이념적 근거이기도 하다. 보수주의의 또 하나의 핵은 도덕성이다. 그러나 인간은 언제나 도덕적인 존재는 아니며 도덕조차도 보편성을 가지지는 않는다는 것이 내 생각이다.

89-1

우리 정치판에서 이념의 혼란은 보수주의에 대한 오해에서 비롯됐다. 그런 오해는 대부분 무지로 인한 것이다.

진보좌파 정치인들은 대개 오늘날의 보수주의를 '전통적 보수주의'와 혼동하거나 시장자유주의와 동일시한다. 더 놀라운 건 보수주의자가 이른바 기득권자-부자들의 시장지배를 옹호한다고 주장하는 것이다.

'현대 보수주의'는 기존 질서와 상식을 존중하는 전통적 보수주의를 승계했지만 자본주의의 확산과 함께 시장자유주의도 받아들였다. 그러나 대다수 보수주의자들은 시장의 자유를 주장하면서도, 타인의 권리를 침해하지 않는 선에서 자유의 확대를 추구할 뿐이다. 무제한적인 경쟁을 지지하지는 않는 것이다.

보수주의conservatism에 대한 가장 큰 오해는 자유지상주의libertarianism와의 혼동이다. 사실 두 이념은 가깝지만 명백한 차이가 있다. 경제정책만 본다면 두 이념의 뿌리는 같다.

보수주의를 우파라고 할 때, 자유지상주의는 한 개인이 희망하는 삶을 마음껏 추구하는 '선택의 자유'를 강조하는 이념으로서 자유방임주의에 충실하여 '최소정부最小政府'를 주장하는 급진우파 radical Right 이념이다. 정부는 개인에게 '공동체에 대한 연계'를 강요하거나 장려해서 안 된다고 한다.

그러나 자유지상주의 역시 무조건적인 이익추구를 용인하는 이념이 아니다. 인간은 누구나 자신이 속한 공동체의 일원으로서 기본적인 도덕심을 발휘하는 사회적 영역의 존재라는 사실을 자유지상주의도 인정한다. 그런 까닭에 자유지상주의는 '사회적 그림자'를 해소하는 데 정부의 제한된 역할을 받아들인다. 그런 점에서 현대 보수주의와 상통相通하는 것이다.

보수주의에 대한 두 번째 오해는 '보수주의는 일체의 변화를 바라지 않는다'는 것이다. 사회민주주의자를 중심으로 한 급진좌파 세력들이 보수주의자를 두고 '수구守舊'라고 하는 공격이 그것이다.(진짜 '수구'는 우리 가짜 좌파들이다.)

그러나 보수주의는 끊임없는 변화를 추구하는 이념이다. 다만 그 변화가 전통과 상식의 틀을 벗어나지 않을 뿐으로, 보수주의는 역사적으로도 변화를 주도했다. 의료보험, 국민연금, 정년제, 기초생활보장제 같은 제도의 도입뿐 아니라 노동조합을 합법화하고 장려한 이념도 보수주의였다.

오늘날 보수주의는 시장경제주의(고전적 자유주의)와 함께 전통적 보수사상을 승계하면서 다의적多義的으로 해석된다. 그런 해석들은 관점의 차이이기도 하다. 예컨대 공산주의에 대립하는 입장에서 보면 보수주의의 가장 큰 특징은 반反집단주의, 즉 반공주의다. 빈부격차를 비롯한 사회의 갈등을 정부가 직접 해결하여야 한다고 주장하는 리버럴리즘(현대 자유주의)에 대립하는 입장에서는 보수주의는 고전적 자유주의와 맥을 같이 한다.

자유주의가 사회문제에 정부가 적극적으로 대처하는 '적극적 정부active government'를 주장하는 데 비해 보수주의는 정부의 개입이 곧 개인의 창의성을 훼손하는 결과를 낳기 때문에 '작은 정부'가 옳다고 한다. 광범위한 실업급여를 지급한 결과 실업이 더 늘어난 것이 그 예다. 그런 결과 빈곤층을 위한다는 정책이 오히려 빈곤의 영속화를 가져온다는 것이다.

20세기 말 서구가 진보주의 정책을 폐기하거나 개선하면서 가장 첨예하게 대립하는 지점은 민영화privatization와 탈규제deregulation다. 보수주의의 주장은 더 많은 자유가 주어진 경쟁체제의 복원이 투자를 늘리고 혁신을 불러 공동체 전체에 도움이 된다는 것이다.

[89-2]

우리 정치판에 스스로를 '보수保守'라고 하는 자 중에서 보수주의를 제대로 이해하는 자를 찾기 힘들다. 정치판에 '보수'의 스펙트럼이 너무 넓어진 탓이다.

헌법정신인 자유민주적 기본질서에 승복하는 것만으로 보수로 인정하거나, 전통을 존중하는 태도만으로 보수라고 주장했다. 시장자유를 주장하면 당연히 보수였다. 놀라운 건 반공주의反共主義와 보수주의를 동일시한다는 것이다.

사실 어떤 의미에서는 다 맞는 말이다. 보수의 반대편에 선 자들이 반反헌법적 태도를 보이고 전통을 깡그리 무시하거나 반反시장주의로 일관하면서 친북적親北的인 태도를 보였기 때문이다.

게다가 '보수'라는 말 자체의 의미는 점진적 변화를 추구하는 것이기 때문에 급진적 성향에 반대하는 태도는 모두 '보수'가 되었다. 그러나 그들은 다 보수이되 보수주의자가 아닌 경우도 많다.(나 역시 2003년 우리나라 최초의 보수 진보 토론이라고 할 수 있는, 중앙일보 인터넷판 '시대읽기'를 연재하면서 '보수'를 헌법정신에 승복하는 것이라고 규정했다. 당시에도 '진보'는 헌법을 넘어선 주장을 너무 많이 했기 때문이다.)

보수주의는 자유의 가치를 중요시하는 까닭에 정부의 역할을 제한하는 '작은 정부'를 추구한다. 그런데 우리 '보수'들은 복지를 비롯한 수많은 정치경제학적 어젠다에 정부의 역할을 확대한 '큰 정부'를 선호하고, 공공선公共善을 위한다는 명분 아래 개인보다는 국가의 역할을 더 중요시하기도 한다. 전자는 보수주의에 완전히 무지한 것이고 후자는 공화주의와 보수주의를 혼동한 것이다.

더욱이 강력한 정부가 자본주의의 규율을 잡기를 희망했던 신보수주의(neo-conservatives 네오콘)를 이 나라의 '뉴 라이트'와 혼동한 것도 보수주의의 성장을 어렵게 했다.(엄격히 말해 미국의 뉴 라이트와 달리 우리의 뉴 라이트는 보수주의와 거리가 먼, 정체성이 불분명한 이념이다.)

보수주의는 아직 이 나라에 통일된 세력으로서 존재하지 않는다. 그러다 보니 반反좌파를 뭉뚱그려 보수주의로 보는 경향이 생겼다. 자연히 기회주의자와 기득권세력, 탐욕에 빠진 자들도 보수주의자 행세를 하게 된 것이다.

'자유주의적 보수주의자'들은 과거 고전적 자유주의자들과 달리 공동체의 문제에 있어서 정부의 개입을 더 많이 용인한다. 미국의 리버럴리즘-현대 자유주의 역시 시민의 안전보장 외에도 인종차별을 비롯한 사회적 문제에 적극성을 띠어왔다. 특히 경제문제만 본다면 자유주의적 보수주의와 현대 자유주의의 차이는 '시장의 실패'를 비롯한 제반 문제에 있어서 정부의 개입을 인정하는 정도에 따른 차이에 불과하다고 할 수 있다.

어떻든, 우리 정치판에서 보수주의든 자유주의적 보수주의든 이를 대변하는 정당은 현재로서는 없다. 보수주의가 곧 반공주의라는 입장에서는 새누리당이 보수정당일 수 있다. 그 점을 제외한다면 새누리당의 여러 정책들은 보수주의 정당과는 거리가 멀다. 박근혜 정부 역시 과거 정부처럼 '큰 정부'를 여전히 선호하고 있는 점에서 보수주의 정권이라고 부르기에는 부족한 점이 있다.

90

보수주의는 이념인가? 사회주의에 맞서는 하나의 관점인가?

국가는 기업이나 협회가 아니다. 그 구성원의 이익을 추구하거나 보호하기 위하여서만 존재하는 것이 아니기 때문이다. 그런데도 많은 정치인들이 이 점을 오해한다.(예컨대 이명박 대통령은 국가경영을 기업경영처럼 이해하는 오류를 보였다.)

기업경영과는 달리 국가경영은 이윤보다는 균형감각이 더 요구된다. 정의가 국가경영의 가장 큰 덕목이기 때문이다. 보수주의는 바로 그 정의라는 가치를 수호하려는 이념이다.

그런데 오늘날 적지 않은 보수주의자들은 보수주의 자체를 이념이라기보다 사회주의와 친親사회주의(예컨대 사회민주주의를 비롯한 범집단주의와 미국의 리버럴리즘)의 주장에 맞서거나 완화시키는 하나의 관점으로 본다. 이렇게 된 건 보수주의가 경제적으로는 고전적인 자유주의를, 사회 문화적으로는 전통적인 보수주의를 승계하면서 복합적인 이념이 되었기 때문이다.(가디언지 기자 토마스키는 미국 보수주의를 두고, '개인을 신성불가침으로 본다' '기업을 예찬한다'는 두 가지로 요약한다.)

결국 보수주의의 스펙트럼은 자꾸 넓어진다. 보수주의자 스스로 어떤 의미도 없는 중도中道라는 말을 남용하면서 이런 경향을 부추긴다. 국가경영에서 필요에 따라 정의를 훼손하고, '가족' '책임' '상식' 같은 보수주의의 덕목을 무시하는 것도 보수주의에 대한 오해를 키운다.

이런 결과 국가를 기업이나 협회처럼 여기는 기형적 보수주의가 나온 것이다.

90-1

정치판에서 '중도'라는 말보다 더 기이한 말은 없다.

정치를 하는 것은 자신의 이념과 정책을 실행하기 위한 목적에서다. 그런데 중도란 말은 이념성을 나타내는 말이 아니라, 그저 대중에 영합하기 위한 말에 지나지 않는다. 그런데도 '중도실용中道實用'이란 포퓰리즘적인 말이 먹혀드는 것은, 대중은 공동체 전체보다는 자신의 이익을 먼저 생각하기 때문이다.(이명박 대통령은 취임사에서 중도실용을 강조했다. 그런데 당시 많은 정치인들이 이미 이 말을 쓰고 있었다.)

정치적으로 중도라는 말은 사전적 의미처럼 '어느 한쪽에 치우치지 않은 바른 길'이란 뜻이 아니다. 실용주의pragmatism 역시 학문적 해석처럼 '실제 결과를 판단의 기준으로 삼는 이념'이 아니다.

정치에 있어서 중도란 보수주의와 진보주의에 대한 양시론적兩是論的인 입장을 취하는 것으로서, 바꿔 말하면 기회주의적 처신을 뜻한다. 그리고 실용주의는 정책의 정당성이나 정의로움을 의심받을 때 '결과의 이익'을 내세우며 변명으로 쓰는 말이다.

이 두 단어가 결합한 중도실용이란 말은 참으로 기이한 것으로, 정치인 스스로 무無이념 이전에 무식을 드러낸 것이다.

실용주의는 철학적으로는 20세기 초에 나타난 사조思潮다. 그러나 미국은 영국의 의회권력을 피해서 이주해 온 자유민들이 세운 나라로서 실용적 태도는 청교도주의 개인주의와 함께 미국 건국의 기틀이라고 할 수 있다.

실용주의는 자명한 진리나 고정된 원리의 존재를 부인한다. 어떤 생각이 옳았느냐는 것은 행위의 결과에 따라 결정된다는 것이다. 이런 실용주의적 사고는 두 차례의 세계대전을 거치면서 폭력과 폐허의 참담한 결과를 목격한 뒤로 현대 자유주의-리버럴리즘의 바탕이 되고 있다.

문제는 우리의 경우 실용을 외치는 것이 무지에 의한 것이거나 이념적 자신감의 결여 때문이라는 데 있다. 보수주의가 실용주의를 주장하는 것이 그 단적인 증거다.

90-2

보수주의는 실용주의pragmatism와 가깝지 않다.

보수주의와 달리 일반적으로 친사회주의-범汎진보주의(사회민주주의, 민주사회주의, 시민적 공동체주의, 평등주의적 공동체주의 외에도 미국의 리버럴리즘이 있다.)는 실용주의적인 정책 접근을 용인한다. 그러다 보니 경우에 따라서는 실용주의가 진보주의로 이해되는 경우도 있다.

그러나 기본적으로는 실용주의는 '다원주의多元主義'적인 발상이다.(이때 다원주의는 다른 이념에 대한 관용의 의미가 아니라 한 이념에 집착하지 않고 이념을 넘나드는 행태를 의미한다.) 모든 이념은 다 나름대로의 정의를 실현하기 위한 것이므로 특정이념에 집착하지 않고 이념에 상관없이 행동하겠다는 것으로 '결과적 이익이 언제나 정의롭다'는 생각이다.

우리 정치판에서는 이상하게도 이런 실용주의가 친親보수주의 정책으로 통한다. 이 점은 미국의 오바마 정권이 실용주의 정권이라고 해서 '진보' 진영으로부터 공격받는 것과 정반대 현상이다.(부시 정권 역시 보수주의자들로부터 실용주의라는 비난을 받았다.)

이명박 정부는 보수층의 지지로 탄생했다. 그런 이명박 정부는 '중도실용'을 내세우며 미국과의 소고기 수입협상을 서둘러 타결했는데, 이를 비판하며 '촛불시위'를 벌인 쪽은 아이러니컬하게도 진보를 자칭하는 좌파들이었다.

'실용'을 내세운 이명박 대통령은 처음부터 보수가 아니었다. 철학적으로-인식론적으로 미국의 리버럴리즘이 보수주의와 가장 다른 점은 '선악에 대한 절대적인 구분을 부인'하는 데 있다. 경제공황이라든가 빈부격차 같은 당면과제를 해결하는 수단을 선택할 뿐 그 수단에 대한 선악의 판단을 외면한다. 그래서 리버럴리즘은 실용주의로 간주되기도 한다. 버락 오바마Barack Obama가 그랬다. 그러니 이명박 대통령에겐 처음부터 도덕성은 관심 밖의 일이었다.

91

아직도 우리 정치판에는 '이단異端'이 있다.

신앙이 깊으면 '두려움에 대한 자각'이 덜하다. 심지어 '종교적 진리'를 위해 순교殉教도 감수했다. 그런데 사이비 종교의 경우에는 맹신盲信을 넘어서 광신狂信에 이르게 되면 죽음 자체를 구원으로 받아들이는 이상증상에 빠지기도 한다.(집단자살 같은 터무니없는 일이 벌어지는 까닭이다.)

마르크스의 변증법적 유물론과 과학적 역사관은 '불평등'에 분노하는 저임금底賃金노동자와 '무산계급無産階級'에겐 하나의 종교다.(미래학자 마티아스 호르크스는 이런 현상을 '정신적 마약'으로 이해한다. 자살테러를 하는 이슬람 근본주의자들, 신나치주의자들 역시 도파민 과다 중독자들과 유사하다는 것이다.) 그러나 마르크스교는 철저히 실패했다. 임금노동자가 중산층을 형성하는, 마르크스가 전혀 예상하지 못한 현상이 보편화된 것이다. 오늘날 마르크스교는 사실상 문을 닫았다. 이제 세계 어디에서도 이 종교를 전파하는 사제司祭는 없다.

그런데 북한에서는 그 사이비에 지나지 않은 김일성교敎에 대한 광신이 계속된다. 김일성교의 교리敎理인 주체사상은 '무산계급'을 배경으로 한 것이 아니라 독재의 수단으로써 고안된 것이다.

문제는 그걸 잘 알면서도 광신에 빠진 자들이 이 나라에도 있다는 것이다.(대한민국 국회에는 과거 김일성 3대를 '장군님'이라고 불렀던 자들이 국회의원으로 있다.) 그들은 이단이자, 죽음의 사제들이다.

91-1

우리 정치인들은 왜 북한을 오해하는가?

종북從北을 의심받는 의원들 말고도 많은 정치인이 '북한체제'에 대해 엄청난 오해를 하고 있다. 그 오해를 알면서도 눈감는 동료 정치인들도 수치스럽긴 마찬가지다.

그중 하나는 북한이 '국가로서의 명예를 가진다'는 오해다. 예컨대 고통 받는 북한주민 문제를 제기하면 '내정간섭'이라고 하는 자들과 북한을 이른바 내재적 접근법으로 이해하려는 자들이 하는 오해다.(내재적 접근법은 재독일 교수 송두율이 제시한 것으로, 원래는 미국학자들이 제기한 소련의 행동양식을 이해하기 위한 방법론이었다.)

또 하나는 북한 김일성주의-주체사상을 공산주의 또는 사회주의로 오해하는 것이다. 그런 오해는 한때 서구 공산주의자들이 주체사상을 두고 '민족공산주의'라고 칭하면서 모택동주의(마오이즘)와 비슷한 시각에서 본 데서 비롯됐다.

새는 좌우의 두 날개로 날지만 '주체사상'은 결코 왼쪽 날개가 아닌, 독재의 논리에 지나지 않는다. 그것도 아주 조잡한 논리다. 다원주의가 수용할 수 없는 사이비 이념인 것이다.

김일성주의나 주체사상은 독재를 정당화하기 위한 '이념'으로, 공산주의와 별반 상관이 없다. 공산주의에서 필요한 부분만 빌려와 파시즘 같은 권위주의를 접목시켜 만든 사이비 종교의 교리 같은 것이다. 파시즘은 공산주의보다 더 권위주의적이다. 지도자의 '직관直觀'은 언제나 옳으므로 그 어떤 비판도 허용되지 않는다. 김일성주의는 나치즘의 대중선동 방식인 신비주의까지도 흉내 냈다. 김일성과 김정일은 노동신문에 자주 등장했지만 막상 사생활은 철저히 비밀에 부쳤다. '아리랑' 같은 집단공연은 나치의 뉘른베르크 군중집회를 흉내 낸 거대한 선전방식이다.

91-2

우리 좌파들은 아직도 사상전思想戰을 치르는 중이다.

종북從北에 대한 국민적 반감에 직면하면, 좌파들은 '사상의 자유'니 '저급한 색깔론'이니 하는 주장으로 피하려 든다. 그 밑바탕에는 주체사상이 하나의 사상이라는 전제가 깔려있다.

종북논란을 정치공학적으로 이용하거나, 종북을 의심하여 무조건적인 사상검증으로 몰아가는 것은 물론 옳지 못하다. 그러나 주체사상은 사상이 아니다. 독재의 교리이자, 사교邪教의 교리이며, 악마의 교리에 불과하다.

그래서 주체사상을 수용하는 것은 물론 이를 비판하지 못하고 있다는 것 자체가 우리 헌법을 부인하는 것이며 반인류적인 북한의 전체주의 체제를 추종하는 것이 된다.

사실 대부분의 종북주의자는 김일성 일가에 대한 맹목적인 충성에 빠져있을 뿐 어떤 좌파 이론도 알지 못한다. 그들이 그런 수렁에 빠져든 건 공산주의에 대한 아무런 이해도 없기 때문이다.

성공한 자에 대한 막연한 적개심과 함께, 근거 없는 피해의식이 그런 타락을 부추겼다.

92

우리 좌파들의 무지가 '이단異端'을 낳았다.

어느 종교나 그렇듯이 경전經典에 대한 이해가 부족하면 이단이 출몰한다. 좌파들 중에 일부가 주사파와 결별하지 못하는 이유는, 권력을 대물림한 김일성 일족이 지구상에서 가장 흉악한 사이비 종교의 교주라는 걸 정확히 알지 못한 까닭도 있겠지만, 그것보다는 그들이 제대로 된 좌파가 아니기 때문이다.

그렇게 된 건 좌파 대부분이 기껏 마르크스주의marxism를 일견一見했거나 서구 진보주의에 대한 구체적인 탐구가 부족했던 탓으로 마르크스교의 이단에 대한 별다른 경각심을 가지지 못했기 때문이다.(엄격히 말해 마르크스주의와 공산주의는 구별된다.)

단적으로 우리 좌파 정치인과 학자 중에 '시장의 실패market failure'를 제대로 설명하거나 절대적 빈곤을 제대로 이해하는 자를 본 적이 있는가? 그러면서도 우리 좌파가 공기업의 민영화를 반대하고 보편적 복지를 주장하는 건 참으로 후안무치厚顔無恥한 행동이다.

그들은 그저 '상상의 자료'로서 탁상에서 공론空論을 벌이거나 대중의 감성에 호소해 그저 자신이 '친親서민' '친노동자'인 것처럼 포장하기 바쁘다. 그들 중 상당수는 자식이 미국에서 호화로운 유학생활을 하게 한다. 그들이 입에 올리는 '반미反美'는 그러니까 대중의 표를 의식한 수작에 불과하다.

이런 '빈곤貧困한 철학'의 좌파들로 인해 이단이 창궐하는 것이다.(『빈곤한 철학』은 원류 좌파이자 무정부주의자인 프루동의 책 제목이다. 마르크스는 그런 프루동을 공격하기 위해 『철학의 빈곤』을 썼다.)

93

우리 정치인이 반성해야 할 점 가운데 하나는 다원주의多元主義 pluralism**에 대한 몰이해**沒理解**다.**

우리는 사회의 여러 문제에 대해서 서로 다른 인식을 하고 다른 목표를 가진다. 그리고 여기에 바탕을 둔 다른 태도를 인정한다. 바로 다원주의다. 상대에 대한 관용은 민주주의를 가능하게 하는 기본적인 조건이다.

그렇다고 해서 다원주의가 근본주의자根本主義者fundamentalist나 극단주의자極端主義者extremist를 인정하지는 않는다.(흔히 '극우' '극좌'로 부르는 극단주의자는 '급진주의자radicalist'와는 달리, 자신의 이념을 관철하기 위하여 폭력을 불사하는 이념이다.) 무엇보다 인류의 보편적인 정의관념, 예컨대 인간의 존엄과 가치를 파괴하는 '악마의 이념'을 수용할 수 없는 것은 당연하다. 북한의 폭압暴壓 체제를 받치는 이념인 주체사상은 바로 그런 악마의 이념이다.

근본주의와 극단주의 그리고 사이비 종교의 교리를 배척하면 반反민주적인가? 우리 진보좌파들은 이 질문부터 답해야 한다. 진보좌파가 오해받는 핵심적인 이유이기 때문이다. 그들이 주사파를 배척하지 않고 '진보좌파'라는 우산 아래 숨겨주는 것은, 다원주의에 대한 이해부족이라기보다 정략적 목적에서 하는 연대에 불과하다.(19대 국회 총선의 야권연대가 대표적이다.)

그런데 진보좌파의 가장 큰 적은 바로 주사파다. 주사파에게는 진보좌파야말로 자신의 종교가 사이비라는 걸 잘 아는 자들이니까 때가 되면 가장 먼저 척결할 대상인 것이다. 그러니까 우리 좌파는 자신들의 파멸을 부르는 바이러스를 키우는 것인데 이것이야말로 대단한 아이러니다.

[93-1]

다원주의는 다른 인식을 하면서도 상호 이해와 합의의 가능성이 열려 있을 때 가능한 것이다.

즉 상대를 인정하는 원리로서, '모두가 동의하는 항구적恒久的인 진리는 없다'는 사실을 전제로 한다.

다원주의를 인정하지 않으면 더 이상 자유는 없다. 다원주의야말로 자유의 울타리이자 자유의 한계다. 자신이 관용하지 않으면 남의 관용도 기대할 수 없는 것이다. 자신과 다른 사상에 대해 언제나 관용할 수 있다는 것은 다원주의의 원리이자 '열린 사회'의 조건이다.(자신이 믿는 사상이 진리로 검증받지 못한다는 것을 깨닫는 것이야말로 칼 포퍼Karl Popper가 말하는 '과학적 태도'다.)

다원주의 아래 우리가 합의한 '정의'는 언제든 바뀔 가능성이 있는 것인가? 예컨대 과반수를 넘어 압도적 다수가 결의한 법률도 잘못일 수 있는가? 극단적으로 말하자면 다원주의 아래에서는 절대적인 정의조차 없는 것인가? 만약 그렇다면 대단히 불편한 일이다.

그러나 다른 사상에 대한 관용도 어디까지나 '민주적 기본질서'의 틀 안에서다. 공동체를 파괴하는 것까지 관용할 수는 없기 때문이다. 그래서 우리 좌파가 주사파의 사이비 교리까지 품어서 진보주의를 의심받게 만든 것은 큰 잘못이다. 더욱이 일부 정치인이 북한체제를 합법적인 정부로 이해하고 더 나아가 '정상국가正常國家'로 인정하는 태도는 민주주의에 대한 이해 부족으로밖에 설명할 길이 없다.

그런 까닭에 좌파가 혁신하지 않고는 우리 민주주의에서 선善한 정책대결은 불가능하다. 그 혁신은 좌파 스스로 좌파에 대한 정확한 이해를 하는 데서 시작된다.

김대중 · 노무현 대통령과 김정일의 회담을 우리는 '정상회담頂上會談'으로 부르고, 북한은 '수뇌회담'이라고 부른다. 정상회담은 정상국가 통치자 간의 회담을 일컫는 말이다. 따라서 우리 정부와 언론은 용어선택부터 잘못한 것이다.

94

민주주의에서 '누가 책임을 더 많이 질 것인가'라는 문제는 아직 풀지 못한 숙제다.

정치는 이 숙제를 푸는 과정이다.

민주주의가 공정한 경쟁을 통한 불평등을 인정한다고 해서 '경쟁적으로 책임을 회피'하는 것을 용인하는 것은 아니다. 평등하게 배분하는 공동체에 대한 의무와는 달리, 공동체에 필요한 '책임의 총량'은 어차피 책임의 이행이 가능한 자들이 나누어 져야만 하기 때문이다. 그래서 책임의 회피는 그 자체로서 선善이 아닌 것이 된다.

예컨대 사회의 모든 구성원이 '인간다운 삶'을 살기 위해서 최저소득층의 기초생활보장에 필요한 재원은 필요 이상의 소득을 가진 자들의 책임이 될 수밖에 없다. 이걸 회피하는 사회는 빈자를 억압하는 야만사회다. 그 반대로 부자에게 필요 이상의 책임을 묻는 것은 개인적 성취를 죄악시하는 것으로 역시 야만사회다.

우리는 고소득층에게 사회에 대한 책임을 더 많이 요구한다. 예컨대 공동체에 대한 병역의무는 공共히 나누어 가지지만 그 혜택은 부자가 더 많이 누리는 것이므로 부자에게 부과되는 '책임의 양'도 많아야 한다는 것이다.(부자로서의 차등적 삶을 누릴 수 있다는 것 자체가 혜택이다.)

그러나 높은 소득과 많은 재산이 합리적인 경쟁의 결과라면 부자가 감당해야 할 책임도 한계가 있어야 한다. 그 한계는 '노력해서 부자가 되려는 욕망'을 깨지 않을 뿐 아니라, '나도 노력하면 부자가 될 수 있다'는 가능성을 열어두는 선이다.

한정된 재화를 독점해선 안 되지만 창의를 유발하는 동기 자체를 없애면 사회는 필연적으로 무너지게 된다. 이것이 바로 사회주의가 빠졌던 함정이다.

94-1

진정한 평등은 능력의 차이를 인정하는 것이다.

2차세계대전 때 영국군 장교는 대부분 지배계층으로 불렸던 상류층의 자제와 명문대 출신이었다. 장교는 병사보다 여러 특권들을 누렸다. 장교가 가지는 권위를 넘어, 대우 자체가 달랐던 것이다.

그중 가장 큰 특권은 맨 앞에서 위험을 감수하는 것이었다. 당시 독일이 투하한 폭탄은 불발탄이 많았다. 폭발물처리반이 도착하면 먼저 병사들이 해체준비를 했다. 그 다음 병사들이 대피하고 장교가 투입되어 폭탄을 해체했다. 많은 장교들이 희생되었지만 누구도 이 일을 문제 삼지 않았다. 옥스퍼드 대학 출신들은 병사들에 비해 전사율戰死率이 훨씬 높았다.

평등하다는 것은 이처럼 추상적인 평등이나 무조건적인 평등이 아니라, 재능과 노력에 따르는 차이를 인정하고 그에 상응한 대우와 함께 사회적 책임을 인정하는 것이다. 이런 까닭에 '자기책임自己責任의 원칙'에 충실했던 '전통적 보수주의'는 빈곤층에 대한 복지를 부유층이 감당하는 것을 반대하지 않았다.

오늘날의 보수주의도 이 정신을 이어받아 부유층이 더 큰 사회적 책임을 지는 걸 인정한다. 그러나 그것이 '개인의 창의와 노력'의 대가를 인정하지 않는 정도라면 '약자의 강탈强奪'에 지나지 않는다.

[94-2]

보수주의를 비롯한 범汎자유주의는 개인의 차이를 인정하는 이념이다.

인간은 부조리하고 불완전한 존재다. 사회에는 재능이 있는 자와 재능이 없는 자가 있다. 또 부지런한 자와 선한 품성을 가진 자가 있는 한편으로 게으른 사람도 있고 후천적으로 악한 품성이 밴 자도 있다. 요컨대 인간은 결코 균등하거나 동일한 능력을 가진 것이 아니다.

그런 개인의 차이를 인정하는 것은, 곧 시장市場의 자유를 인정하고 시장에서 개인이 자신의 이익을 위해 합리적인 결정을 할 능력이 있다고 믿는 것이다. 그 선택에 따르는 책임은 당연히 행위자의 몫이다.

그런데 친親사회주의 이념은 선택에 따르는 책임을 공동체 전체의 몫으로 생각한다. 그 결과는 '아무도 자기의 선택에 대한 책임을 지지 않아' 도덕적 품성을 잃은 타락한 사회다. 자신을 향상시키기 위한 노력을 할 필요가 줄어들기 때문에 하향평준화도 필연적이다.

사실 이런 결과는 친사회주의자들이 예상하지 못한 것이다. 좌파들이 이런 '결과적 모순矛盾'에 이른 것은 인간은 이기적이며 모두가 선한 품성을 가지지는 않는다는 사실을 간과한 때문이다.

그런데 범자유주의자의 주장처럼, '개인의 선택과 그에 따르는 책임을 지는' 원칙을 지키는 일이 말처럼 쉬운 것도 아니다. 책임을 회피回避하거나 원칙을 깨는 탈법행위는 늘어난다. 게임의 규칙을 벗어나 자신이 기여하거나 창출한 것보다 더 많이 가지려는 불공정행위는 끝없이 확대된다.

그건 잘못된 교육 탓이 크다. 결국 공존共存을 가르치는 교육이 선행되어야 범자유주의-보수주의 원칙도 지킬 수 있게 된다.

95

우리 정치판은 가짜와 가짜가 싸우는 중이다.

그런 싸움은 이념에 대한 공부가 안 되어 있거나 이미 낡은 이념의 틀에서 벗어나지 못해 일어난다. 그건 보수주의conservatism, 자유주의liberalism, 진보주의progressivism 다 마찬가지다.(단적으로 2012년 대통령 선거는 명백하게 진보적 정책인 보편적 복지를 수용한 후보들의 대결이었지만 언론은 시종 '보수 대 진보'의 대결로 보았다.)

오늘날 자유주의-리버럴리즘liberalism과 보수주의는 접점을 찾고 있다. 보수주의가 고전적 자유주의classical liberalism의 정신을 승계한 까닭도 있지만 19세기 보수주의가 빈자에 대한 보호정책을 편 것처럼(예컨대 노동조합의 육성, 의료보험 실시) 보수주의 정신의 한 축이 '자유방임自由放任으로 인해 생긴 사회적 약자'에 대한 배려에 있기 때문이다.

이제 보수주의와 자유주의의 대립은 경제정책보다는 오히려 '개인의 도덕적 자유'의 범위를 어떻게 할 것인가에 더 초점이 가 있다.(예컨대 동성결혼, 낙태허용 등이 대표적이다.)

반면 리버럴리즘의 왼쪽 경계선에 있는 자유주의, 예를 들어 '시민적 공동체주의civil communitarianism'는 사회민주주의social democracy와 같은 서구의 진보주의-급진좌파와 정책적으로 접근하려 한다. 유럽의 사회민주주의는 오히려 토니 블레어Anthony Blair 이후 기업의 국유화 같은 급진좌파 성향을 버리고 정책을 '개선renewal'하는 중이다.

그런데 우리는 낡은 집단주의collectivism적 사고에 갇혀 있는 전통적 사회민주주의와 그것조차 넘어선 사회주의socialism 그리고 사이비 좌파인 주사파와 싸우고 있는 것이다.

95-1

우리 정치인들이 이념에 대한 혼란을 겪는 이유 중의 하나는 자유주의에 대한 오해 탓도 있다.

우리가 자유민주주의와 시장경제주의를 버릴 수 없는 한 자유주의에 대한 이해는 필수적이다.

자유주의는 사실 엄청난 변화를 겪어왔다.

원류 자유주의는 개인주의individualism를 기반으로 봉건적 권위주의의 모든 잔재에서 벗어나기 위해 일체의 간섭을 배제하면서 '야경국가夜警國家'를 덕목으로 내세웠다. 그러나 '시장의 실패'가 계속되면서 빈부격차가 커지자 개인의 자유를 신장시키기 위한 정부의 역할을 확대시켰다.(2차세계대전은 빈부격차가 최고조에 이르렀을 때 일어난 사건이다. 영국 노동당은 전쟁 뒤인 1945년 처음 집권했다.)

그래도 자유주의가 처음 태동했을 때부터 지금까지 변하지 않은 기조는 '국가는 효과적으로 작동하는 시장경제에 필요한 정도 이상으로 규제를 해선 안 된다'는 것이다. 오늘날 빈부격차를 해소하기 위한 '정부의 참견'은 용인되지만 여기에는 엄격한 제한이 있다.

첫째 정부의 개입이 수혜를 받을 다수의 전단專斷으로 결정된다면 그건 '합법을 가장한 강탈强奪'이 될 수 있다는 것이다.

개입의 여부를 정하는 것과 개입의 정도程度를 정하는 것 둘 다 마찬가지다. 그리고 그 한계는 시장경제가 수인할 수 있는 최대치가 되어서도 안 된다. 그럴 경우 시장경제에 참가하는 대다수가 의욕을 잃게 되어 결국은 시장경제가 무너진다.

둘째 무능하거나 불행해서가 아닌, 게으르고 방탕한 자들이 열심히 노력한 자의 대가를 빼앗는다는 건 정의롭지 않다는 확신이 지켜져야 한다.

시장경제가 제대로 작동하려면 공정경쟁을 확보하는 대신 정부 개입의 수혜자를 '필요한 소수'로 국한해야 한다. 그것은 보편적 복지가 아니라 복지사각지대를 없애는 세밀한 복지정책이다.

96

진보주의 역시 억압에 반대한다고 한다. 그러나 그들이 만드는 '사회적 강제强制'는 억압이 아닌 것인가?

진보주의자의 주장의 핵심은 '모든 종류의 부당한 억압에 반대한다'는 것이다. 정치적으로 민주주의가 대체로 달성된 오늘날, 이런 '부당한 억압'의 내용은 주로 경제적인 사유-빈부격차로 인한 것들이다. 예컨대 진보주의자들이 집단주의에 매몰되어 생산시설의 국유화를 주장하는 것은 곧 생산시설의 독점에 의한 부의 편중이 억압의 가장 큰 원인이므로 이를 근원적으로 해소하자는 것이다.

이런 주장의 가장 큰 결함은 그 이론이 상상의 산물이라는 데 있다. 그 상상은 인간은 언제나 선한 존재이고 권력적이지 않다는 잘못된 생각에서 시작된다.

좌파가 생각하는 '억압'은, 오늘날은 전혀 다른 양상으로 나타난다. 대다수 임금노동자는 이미 중산층이거나 중산층에 가담할 준비가 되어 있다. 오늘날 자본주의는 상당히 역동적이어서 계층이동도 활발하다.

그래서 진정한 억압은 자본에 의한 억압보다도 정치적 혹은 문화적 영역에서 더 많이 나타난다. 또 그 방식도 포퓰리즘적인 입법이나 미디어를 통한 선동 등으로 다채로워졌다. '사회적 강제'를 통한 억압이 오히려 더 많아진 것이다.

'억압에 반대'하는 것은 곧 자유를 의미한다. 마르크스주의 학자들이 일관되게 '급진 부르주아 자유주의혁명'으로 정의하는 프랑스혁명은 바로 자유를 획득하기 위한 시민혁명이다. 그런 의미에서는 범汎집단주의와 범자유주의의 뿌리는 같다고 할 수 있다.(마르크스는 자유주의혁명을 거쳐 자본주의가 확대되면 결국 소수의 부르주아와 다수의 프롤레타리아의 대립으로 가서 계급혁명으로 나아간다는 '과학적 역사관'을 제시했다.)

오히려 '모든 종류의 부당한 억압에 반대'하는 것은 진보주의의 이념이 아니라 범자유주의 사상의 핵심이다. 그런데도 좌파가 이런 주장을 펼치는 것은 '자유를 선동의 수단으로' 내세운 것에 지나지 않는다.

『코끼리는 생각하지 마』를 쓴 UC버클리대 조지 레이코프의 인터뷰가

신문에 실렸다. 나는 오래전부터 '보수는 엄격한 아버지strict father', 진보는 '자애로운 어머니nurturant mother'와 같다는 레이코프의 비유를 자주 썼다. 이번 인터뷰에서는 묘하게도 어머니 대신 '부모parents'라는 단어를 사용하고 있다. 진보학자인 레이코프가 참으로 영리하다는 생각을 한다. 그가 한국 정치상황을 분석하면서 한국에 제대로 된 진보가 있다고 믿고 있는 건 어쩔 수 없다손 치더라도 진보의 개념은 만국공통이며 그 요체는 '모든 종류의 부당한 억압에 반대한다'라고 말한 데엔 놀라지 않을 수 없다. 그것은 미국의 리버럴리즘뿐 아니라 오늘날 범자유주의 우파의 공통된 개념이기 때문이다.

97

국가에 대한 의무를 이행하는 데 불평등이 있게 되면 국가는 타락한다.

동서양을 막론하고 군정軍政과 세정稅政이 무너진 나라가 망하지 않은 적은 없다. 배운 자와 가진 자들이 의무를 회피하는 도덕적 타락이 '권력의 사유화私有化'로 이어지면서 의무를 다한 계층을 '소외疏外'로 내모는 것이다. 특히 의무를 다하지 않은 자가 국가에 대한 공적公的인 발언권을 가지는 경우, 국가를 지탱하는 마지막 보루인 정의正義가 무너진다.('소외'는 마르크스의 핵심 단어이지만 빌렸다.)

그런데 문민정부들은 이 점에 있어서 대단히 궁색하다. 병역의 의무를 이행하지 못한 통치자들이 연이어 등장했는가 하면, 의회는 어떤 직역職域보다도 병역면제자 비율이 높았다. 권력자의 자식들은 심지어 국적이탈까지 하면서 병역을 회피했다.

공직자 인사청문회에서는 온갖 탈법행위를 추궁하면서도 병역 문제는 형식적인 검증에 그친다. 대부분의 병역회피는 외관적으로 합법을 가장하고 있는데다 그런 검증에 자유로운 의원들이 많지 않기 때문이다.

그래서 국가를 개조하는 첫 순서는 의무의 공평한 이행을 제도적으로 확보하는 것이다. 이 일에는 의무를 회피한 자를 공적인 위치에서 배제하는 것도 포함된다. 도덕성을 회복하지 못한 국가가 국가로서의 명예를 갖출 수 없기 때문이다.

우리 이너서클의 배덕背德은 다른 문명국가에서 좀처럼 발견되지 않을 정도로 극심하다. 어쩌다 부패의 단서端緖가 드러나도 쉽게 봉합된다. 권력을 나눠가졌던 정치적 보스끼리 상호보험인 '침묵의 카르텔'을 형성하고 있기 때문이다.

그런 부패가 아니라도 마찬가지다. 5공화국은 '학사장교' '석사장교' 제도를 운영하면서 합법적으로 권력자 자식들의 병역을 면제했다. 그런데 5공화국 비리를 파헤치는 청문회가 열렸을 때 이 문제를 거론한 의원은 없다. 야당의 정치지도자들도 이 문제에서 자유롭지 못했기 때문이다.

[97-1]

오늘날 자본주의가 발달하는 한편으로 공동체 의식은 희미해졌다.

사회적 승자勝者에게서 공동체에 대한 의무를 다한다는 정신이 보이지 않으면서 공동체의 와해는 가속화되고 있다. 병역회피가 대표적 예다. 스포츠 선수를 비롯한 '병역 특혜자'의 양산도 이런 병리현상을 부추겼다.(올림픽 등에서 '국위를 선양했다'고 하여 병역을 면제하는 것은 곧 국가의 타락이다. 더욱이 프로선수에게 그런 혜택을 주는 것은 신성한 병역의무를 희화화한, 국가의 '자기모멸'에 해당한다.)

이제는 다들 병역을 짐으로 여겨서 회피할 수 있으면 회피하려 든다. 그래서 모병제募兵制가 거론됐다. '가진 자'는 합법적으로 병역을 이행하지 않아도 되는 이 제도가 휴전상태인 나라에서 공연히 논의되는 것은 우리 사회가 도덕적으로 이미 무너졌다는 것을 여실히 보여주는 증거다.

그렇다면 같은 논리로 '돈을 내고 병역을 면제받는 것'은 왜 용인되지 않는가? 병역의 의무가 신성하다는 이유를 들지만 오늘날 과연 이 '신성함'을 믿는 자가 얼마나 되겠는가?('병역의무의 신성함'은 군가산점제 위헌결정의 근거였다.)

공동체에 대한 의무를 이행하는 문제를 경제논리로 풀 수는 없다. 그 의무는 돈보다도 훨씬 중요한 공동체의 정신이다. 국가가 쇠락은 공동체 정신의 쇠퇴로부터 시작된다.

가장 기본적인 공공재, 예컨대 안보와 치안을 담당할 군대나 경찰조직을 시장거래를 통해 구해도 되는 것인가? 용병회사傭兵會社, 사설보안회사가 군대와 경찰을 대신하게 하자는 제안이 있다면 찬성할 것인가? 진보주의는 물론이고 자유주의든 보수주의든 공공재를 구비하는 데 세금을 쓰는 건 당연하다고 생각하기 때문에, 이런 제안을 거부할 이유가 없다고 한다. 실제 프랑스는 외인부대外人部隊를 운용했고, 미국에서는 현재 용병회사의 용병들이 아프가니스탄에 투입되고 있다.

[98]

우리 정치는 몇 류流인가? 정치가 대중의 행복에 얼마나 기여하고 있는가?

이 질문에 대한 답은 언제나 같다. 3류라는 것이다. 사실 아무리 좋은 정치도 1류라는 평가를 받기는 불가능하다. 민주주의는 어차피 비효율적인 제도이기 때문이다.

물론 정치는 효율성만으로 평가하는 것은 아니다. 그러나 우리 정치는 도덕성과 공공성公共性, 그리고 대표성代表性 등 채점 가능한 모든 지표에서 낙제를 면치 못할 것이다.

우리 기업은 세계에 자랑할 만큼 성장했다. 몇몇 기업은 가히 1류라 할 수 있다. 창의력, 의사결정의 신속성, 결단력, 그 결과물인 실적 등은 최고다. 여기에 비해 우리 행정은 아직은 2류다. 무엇보다도 부패는 근절되지 않았으며 '행정의 낭비' 즉 비효율이 크다는 걸 부인할 수 없다.(그 비효율은 세종시에 정부를 분산하면서 확대됐다.)

그런데 정치는 여전히 3류다. 아직 패거리정치에서 벗어나지 못한 것이 가장 큰 원인이다. 그래서 정치가 한 단계 발전하려면 정당 내 민주주의를 회복해야 한다. 그러기 위해서는 보스 중심의 정당을 해체하고 이념과 정책 중심으로 모이는 것이 전제前提된다. 결국 제대로 된 정책정당이 등장하는 정계개편이 있어야 정치가 도약하는 것이다.

그렇다면 정치를 감시하는 언론은 어떤가? 나는 망설이지 않고 4류라 하겠다. 편향된 기사를 넘어 의도적이고 악의적인 기사, 도를 넘는 '팩트의 조작造作'은 왜곡 차원이 아니라 거의 범죄 수준이다. 기자 개인의 사적인 감정을 진실로 포장하는 건 너무 흔한 일이다.

이런 팩트의 조작을 통한 여론조작輿論操作은 사실 그리 놀라운 일이 아니다. 정말 놀라운 것은 이런 언론일수록 자신은 늘 정의롭다는 '거짓'을 소비자에게 끊임없이 강요한다는 사실이다.

이 4류 언론이 3류 정치의 든든한 배경이 되고 있다.

99

정치지도자들이 말하는 '사회통합'은 거짓말이다.

민주주의는 정치적 갈등, 더 정확히는 정책적 갈등을 해소하는 과정이다. 갈등은 늘 있고 또 계속될 수밖에 없다. 다수결로 의사결정을 했다고 하여 반대한 소수가 통합되지는 않는다. 정치적 갈등이 나쁜 것만도 아니다. 갈등하는 반대파가 있어야만 정책에 대한 비판이 가능해지고 또 그래야만 권력이 겸손해지는 것이다.

흔히 '보수 진보로 나뉘지 않은 100퍼센트의 나라'를 만든다고 하면서 이념으로 싸우는 시대는 갔다고 한다. 그건 틀려도 한참 틀린 말이다. 보수주의 진보주의는 치열하게 싸워야 서로가 개선改善된다. 두 이념은 한 쪽이 방향을 바꾸지 않는 한 절대 융합할 수 없는 이념들이다.

사실 선진국에선 오래전 승부가 났다. 사회주의는 땅속에 묻혔고 진보주의는 후퇴했다.(궁극적으로 사회주의로 간다고 한 라드브루흐Gustav Radbruch가 틀렸다.) 이제 빈부격차를 해소하기 위해 보수 진보 모두가 정부의 역할을 용인하면서 다만 그 역할의 크기로 다

툴 뿐이다. 치열한 싸움의 결과다. 그렇다고 두 이념이 융합한 것은 아니다.

토니 블레어와 게르하르트 슈뢰더Gerhard Schröder가 앤서니 기든스Anthony Giddens의 『제3의 길』을 수용한 것은 1990년대 후반이다. 그런데도 아직 우리는 사회주의가 진보의 이름으로 행동한다. 심지어는 '주사파' 같은 사이비도 거기에 가담한다.(기가 막히는 건 탈이념을 외치는 자들이 1970년대 독일 사민당이 내세운 '경제민주화'를 말한다는 것이다. 그 자들 스스로 그건 노동조합의 경영참가를 뜻하는 '기업의사 공동결정제'인 것을 인정한다. 이 점을 새누리당의 아무도 비판하지 않았다. 이 나라에는 자유주의도 보수주의도 없는 것이다. 있다면 정치적 기만欺瞞에 지나지 않는다.)

정치적 갈등이 전혀 없는 사회는 전체주의 사회다. 권위주의에 의해 통일된 공동체의 의견은 언제나 선하고 정당한 것이 된다. 거기에 어떠한 비판도 허용되지 않는다. 그런 폐쇄적인 사회는 필연적으로 정체된다. 자본주의-민주주의와 전체주의의 우열은 이제 더 따질 필요조차 없다.

문제는 경제적, 사회 문화적 갈등이다. 이 갈등을 해소하기 위해서는 무엇보다도 빈부격차를 줄여야 하고 빈곤층의 '인간다운 삶'을 보장해야 한다. 반면 부자에게도 그 부를 정당하게 행사할 수 있도록 해야 한다.

그러나 이 모두를 만족시키는 정책은 없다. 이것은 오늘날 거의 모든 민주국가가 직면하고 있는 딜레마다.

[100]

언제나 '문제는 경제다.'

이 슬로건은 클린턴이 1992년 대통령 선거 캠페인에서 썼던 것이다.(It's the economy, stupid.) 경제가 어려울 때 경제의 과실을 상류층이 독점하여 빈부격차가 커지면 민심은 극도로 이반離反된다. 그래서 진짜 문제는 빈부격차, 즉 상대적 박탈감이라고 할 수 있다.

빈부격차와 함께 오는 극심한 불황은 집단주의를 불러들인다. 1930년대 독일은 최악의 경제난에 허덕였다. 세계에서 가장 높은 교육수준과 문화적 소양을 가졌던 이 나라는 자유주의를 거부하고 '집단의 우위'에 매몰됐다. 바로 나치즘이다.

지금 세계는 '월가의 탐욕'이 빚은 2007년 금융위기의 후유증으로 유례없는 불황이 계속되고 있다. 다국적 기업을 내세워 세계화globalization를 외치던 강대국들이 자칫 제국주의적 태도로 변화할 가능성이 높아졌다. 미국 일본 중국 할 것 없이 국익國益이 최우선이 된 것이다. 세계화에 반대하던 선진국의 국수주의자들은 더 말할 필요조차 없다. FTA와 상관없이 보호무역 열풍이 다시 불 수도 있다.

그런데 우리 정치판은 경제는 늘 남의 나라 얘기다. 경제보다 더 중요한 일들이 산적한 때문도 아니다. 근본적인 이유는 정치인들이 경제를 전혀 모른다는 데 있다.

실리콘밸리 애플 본사 옆 시골법정에서 삼성과 애플 간에 세기의 재판이 있었다. 그 법정은 정의는 밝히는 곳이 아니라 미국의 이익이 무엇인지를 밝히는 곳이었다. 특허에 사용된 기술이나 특허법률에 대한 어떠한 지식도 없는 주민 아홉 명이 이 엄청난 싸움에서 '정의의 심판자' 역할을 한 것이다.

결국 '모서리가 둥근 직사각형' 모양의 전화기는 애플만이 만들 권리가 있다는 실리콘밸리 주민들의 결정이 나왔다. 아직 둥근 자판은 자신들만 만들 수 있다고 주장한 시계회사는 없다. 그 결정은 애플의 무덤이자 미국의 무덤이 되겠지만, 우리 정치인들이 이 문제를 거론한 자는 아무도 없다. 미국은 양사의 특허 싸움에 대통령까지 개입했다.

101

우리 지도층, 특히 정치판의 부패가 그치지 않은 원인은 무엇인가?

첫째 근본적인 이유로, 이념과 상관없이 뭉친 '패거리'는 반드시 부패한다는 것이다. 정치에 나선 것이 일신一身의 영화榮華가 목적이었으므로 부패하지 않기란 거의 불가능하다.

대개 정치판의 지도자들은 이념보다는 권력에 대한 과도한 욕망으로 정치에 '투신投身한' 경우가 대부분이다. 그런 보스 아래 아무런 이념적 동질성도 없는 추종자들이 출세의 끈을 잡으려고 모여든 것이 우리 정당들이다. 그러니 부패하지 않을 수 있겠는가?

둘째 절대권력絶對權力은 절대 부패한다는 것이다. 흔히 우리 대통령을 '제왕적 대통령'이라 부른다. 대통령은 헌법의 취지에 벗어나서 절대권력을 행사함으로써 스스로 권력에 도취된다.(그러나 왕조시대 왕들은 몇을 제외하고는 대부분 제한된 권력밖에 행사하지 못했다.)

이 경우 대통령도 부패할 수밖에 없지만, 대통령과 가장 가까운 자부터 부패를 시작한다. 문민정부 들어서 모든 대통령들이 이에 해당한다. 측근은 물론 아들과 형, 심지어는 아내까지 부패에 연루됐다.

셋째는 이너서클의 부패다. 정치판은 보이지 않은 이너서클이 있다. 통치자와 유력한 차기 주자, 그리고 경제권력과 언론권력의 보스들이 그 멤버다. 힘 있는 전직 대통령도 당연히 멤버다. 이른바 '패밀리'의 보스들이 모인 형국이다. 그런 핵심 권력이 아니라도 통치자에게 영향력이 미치는 자는 임기 동안 이너서클에 든다.

'패밀리'들은 서로의 부패에 눈 감는다. 서로 간 보험이 되는 것이다. 대중은 이런 사실을 끝내 알 수 없다. 보스들은 서로의 약점을 쥐고 있어서 우연한 사고가 아니고서는 '카르텔Kartell'은 절대로 모습을 드러내지 않기 때문이다.

102

자본주의, 개인주의보다 집단주의collectivism 체제에서 부패가 훨씬 더 많이 발견된다.

실제 모든 집단주의에서 크든 작든 부패는 진행됐다. 생산시설을 국유화하고 사유재산을 제한적으로 허용하는 집단주의 체제가 '탐욕의 사회'인 자본주의보다 더 타락했다는 것은 참으로 기이한 일이다.

예컨대 소련의 공장장들은 자신에게 주어진 할당량을 채우려고 암시장을 이용했다. 당연히 감독기관에게 뇌물이 건너갔다. 이런 부패는 일상화된 것이지만 처벌받은 자는 극소수로서 대부분 뇌물을 바칠 여력이 없었던 자들이다.

부패는 거의 모든 부문에 만연해 있었는데, '부패가 전체 사회에 도움이 되었던 것'이 부패가 계속된 까닭이기도 했다. 생산된 재화는 수요에 비해 턱없이 부족했기 때문에 암시장이 형성됐고 그 때문에 부족한 재화의 일부지만 생산될 수 있었던 것이다.

북한에도 이런 부패는 엄청나다. 다시 말해 부패는 집단주의, 공산주의의 일상인 것이다.(북한은 유사類似 공산주의다.) 그 근본적인 원인은 사유재산을 부인함으로써 대중들이 법치나 준법에 대한 욕구를 가지지 않기 때문이다.

원류 마르크스주의자를 제외한다면 공산주의자들은 생각처럼 청렴하지 않다. 러시아혁명 초기 전위당 세력은 좀 나았지만 그 뒤 냉전체제에서 공산당 간부들은 특권층을 형성하면서 철저히 부패했다. 그것은 바쿠닌Mikhail Bakunin이 일찍이 예언한 바처럼 공산주의 체제에서 권력자들의 권력을 견제하는 어떠한 장치도 없었기 때문이다. 통제되지 않는 권력 남용은 필연적으로 부패할 수밖에 없는 것이다.

한편 권력자가 아닌 중간 간부들의 부패는 생산물의 절대 부족 때문이다. 결국 부족한 재화를 분배하는 과정에서 가장 고통 받는 계층은 바로 노동자들이다. 무산계급을 위한 정부가 무산계급을 죽이는 결과를 낳은 것이다.

[103]

우리 좌파가 집권하기 어려운 결정적인 이유는 '좌파는 위험하다'는 대중의 인식 때문이다.

우리 좌파는 이념적 스펙트럼이 너무 넓다. 광복 후 좌파를 주도했던 극단적 좌파extreme Left 사상에 오염된 자들(대부분 유사 마르크스주의자였다.)은 6.25전쟁을 거치면서 대부분 월북했다. 그 영향으로 진보주의(예컨대 사회민주주의)는 처음부터 이단시異端視 됐다. 자연히 '이단으로 내몰린' 친親사회주의적 이념들이 한 그룹으로 묶였다. 그 결과 민주화 이후 노동운동과 연계되어 본격적으로 전개된 좌파운동은 대단히 넓은 스펙트럼을 가지게 된 것이다.

그래서 오늘날 좌파는 마르크스주의자부터 사회민주주의, 심지어 범汎자유주의 진영에 속하는 미국의 리버럴리즘까지 전부 포용하게 된 것이다. 게다가 이른바 종북從北과 친북親北그룹, 나아가 반미反美그룹까지 혼재되어 있다. 바로 이 대목, 종북주의자까지 가담한 좌파를 대중은 두려워하는 것이다.

대중이 좌파를 위험하다고 보는 또 하나의 이유는 좌파의 지나친 광장 지향성 때문이다. 좌파는 진보주의적 이념과 아무런 상관 없는 어젠다까지 광장으로 끌고 가서 정부를 공격한다.(예컨대 이명박 정권 초기 소고기 수입 반대시위를 들 수 있다. 좌파는 정권을 탄핵하는 모든 어젠다에 개입했다.)

그리고 많은 경우에 강성노조를 주축으로 무법적 행동과 폭력성을 쉽게 드러내 대중에게 '위험하다'는 인식을 심었다. 더욱이 야당 강경파가 이에 동조함으로써 스스로 대안세력으로 부상浮上하는 걸 막았다.

결국 좌파가 집권하는 길은 이런 위험성에서 벗어나는 것이 첩경捷徑이 된다.

김대중 노무현 두 대통령은 좌파정책으로 당선된 것이 아니다. 김대중은 이른바 DJP연대로, 노무현은 정몽준과의 연대로 당선됐다. 두 대통령은 낭만적 대북관에 근거한 햇볕정책과 포용정책을 제외한다면 실제 진보주의적 정책을 쓰지도 않았다. 두 정권 다 부패로 얼룩졌던 것은 뚜렷한 이념적 실천이 부족했던 탓도 크다.

2012년 대선은 언론의 표현처럼 진보-보수 대결이 아니라 좌우대결이었다. 문재인 후보는 '진보 후보가 아닌' 좌파 후보였는데 비해 진보정책을 수용했던 박근혜 후보는 '보수 후보라기보다' 우파 후보였던 것이다. 선거가 좌우대결이 되면서 '합리적으로 무지한rationally ignorant' 대중을 깨워 투표소에 나가게 했다. 그래서 이례적으로 높아진 투표율에도 불구하고 우파가 낙승하게 된 것이다.

104

민주주의 정부에서 대중의 정치적 관심은 왜 줄어드는가?

1980년대부터 세계적으로 자유가 확산됐다. 공산주의가 무너졌고 집단주의는 쇠퇴했다. 많은 나라의 권위주의 정부는 민주주의 정부로 대체됐다. 2010년 12월 튀니지에서 시작된 재스민혁명Jasmine Revolution으로 아랍의 민주화가 진행된 뒤로 이제 권위주의 정부는 손에 꼽을 정도다.

문제는 민주주의 정부에서 정치적 관심이 줄어들었다는 것이다. 덩달아 성장도 더디어졌다. 우리와 대만, 싱가포르가 세계가 놀란 성장을 한 건 다 권위주의 독재정부 때였다.(지금의 중국도 마찬가지다.) 왜 생각과는 다른 결과가 나왔을까? 그 답은, 대중은 '합리적으로 무지한' 존재라는 데 있다.

20세기에 인류를 질곡桎梏에 빠뜨린 2개의 '사건'은 공산주의와 파시즘이다. 2차세계대전이 끝나면서 '집단의 우위'를 내세우던 파시즘은 소멸했지만 공산주의는 확산되어 한때 절반 이상의 국가에 영향을 미쳤다. 각국의 공산주의는 생산시설의 국유화, 협동농장, 폭력적인 통제, 배급제

등 몇 가지 공통점 외엔 이질적인 부분이 적지 않았다. 마르크스주의 이후 공산주의는 레닌 스탈린의 전위당 민주주의, 임금노동자가 거의 없었던 아시아 아프리카의 민족 공산주의, 그리고 김일성주의 등의 사이비 공산주의로 분화됐다.

그 뒤 자본주의-민주주의와 공산주의-전체주의 간에 성장과 군비경쟁이 벌어졌던 냉전시대에, 자본주의 국가들은 미국을 중심으로 가공할 경제성장을 했다. 그 결과 서구를 공산주의 국가에 대한 압도적 우위에 서게 했고 결국 소련은 '러시아 자유주의혁명'으로 해체됐다.

왜 대중은 '합리적 무지rational ignorance'에 빠지는가?

대중은 많은 시간과 노력을 들여 원하는 정치인을 찾고 그에게 투표하기 위해 번거로움을 감수하려 하지 않는다. 그런 노력으로 자신이 원하는 통치자와 원하는 세상을 얻는다는 데 의구심을 가지는 것이다.

더구나 자신은 투표결과에 거의 영향을 미치지 못하는 한 표를 행사할 뿐이다. 따라서 굳이 정치에 관심을 가진다거나, 후보자들의 정책을 알 필요도 없다. 자신이 아니라도 다른 수많은 유권자들이 좋은 통치자를 뽑을 것이기 때문에 이런 '합리적 무지'는 계속된다.

105

정치판에서는 약자弱子로 보이는 것이 가장 손쉬운 승리의 방법이다.

우리가 생각하는 정의는 대체로 강자의 편에 서 있는 것처럼 보인다. 신은 강자의 기도는 빨리 듣고, 행운은 늘 강자의 창문을 먼저 연다.

그러나 강자에게 없는 것이 대중의 지지다. 누구나 강자에 열광하지만 심정적으로는 약자의 편에 선다. 다윗과 골리앗의 싸움에서 골리앗을 응원하는 관중은 없다. 정치판에서 비참한 약자로 내몰리는 것이 때로 압승의 전략이 되는 까닭이다.

마찬가지로 '약자를 위한다'는 명분보다 더 좋은 명분은 없다. 정치는 명분의 싸움이다.(정치판에서 정의를 내세우고, 불의를 공격하는 것도 그것이 명분에 합당하기 때문이다.) 대중은 설사 자신이 강자에 속하더라도 제3자적인 입장에서는 약자 편에 선다.

그런데 약자는 언제나 선한 것인가? 그렇지 않다는 건 정치인이든 아니든 다 안다. 강자가 강자이기 때문에 자신의 주장을 제대로 펴지 못한 채 필요 이상의 양보를 하는 것이 정당하지 않다는 것도 다 안다.

문제는 무슨 싸움이든 대중에게 강자와 약자로 구별되면, 어떤 논리도 어떤 법리도 더는 통하지 않는다는 사실이다.

선량한 골리앗도 사악한 다윗에게 질 수밖에 없다.

그래서 약자는 언제나 정당하고 선하다.

역사를 상고하면 때로 명분을 찾다가 패배하는 경우를 본다. 항우는 '역발산기개세力拔山氣蓋世'의 영웅이다. 인정이 많았고 명분을 중시했다. 그는 홍문의 연회에서 유방을 죽이라는 범증의 진언을 무시하고 명분 때문에 살려 보낸다. '잡혔던 범'은 숲으로 도망쳤다. 그때 구사일생으로 살아난 유방은 어떤 인물인가? 그는 주색에 빠져 살던 날건달이었다. 음흉하고 잔인했으며 욕심이 많았다. 훗날 통일의 일등공신인 한신을 죽였다. 사마천은 『사기史記』에서 초패왕본기를 고조본기보다 앞에 두어 항우를 높이 샀지만 역사의 평가와는 달리 현실에서의 승리는 유방의 것이었다. 그렇다면 항우는 왜 졌을까? 항우에게는 범증이, 유방에게는 장량이라는 책사가 있었다. 항우는 진평의 반간계로 범증을 내친다. 항우의 군대는 막강했지만, 범증이 없는 항우는 그 군대를 가지고도 패배할 수밖에 없었다. 무엇보다도 대중에게 항우는 강자였고 유방은 약자였다.

약자에 대한 동정은 정치판에서만이 아니다. 문학작품은 물론 드라마 같은 대중예술에서도 마찬가지다. 작가들은 강자보다 약자를 더 사랑하고 약자에 더 관대하다. 약자는 늘 선량하게 그려지고 강자는 냉정하고 차갑거나 이기적이고 악한 사람으로 묘사된다. 마찬가지로 약자의 편에 선 사람은 늘 선량한 사람이고 강자의 편에 선 사람은 악당이 된다. 재벌의 변호인이 상찬 받을 일은 절대 없다.

왜 이런 현상이 벌어지는 것일까? 왜 사람들은 거인 골리앗이 작은 목동 다윗이 던진 돌멩이에 맞아 단번에 나가떨어지는 것에 환호하는 것일까? 왜 가난한 청소부의 딸이 재벌집 딸을 이기고 사랑을 쟁취하는 3류 드라마에 눈물까지 흘리는 것일까?

그러니까 진짜 강자는 대중이 알고 있는 바로 그 약자들이다. 그리고 그 약자들은 생각처럼 언제나 선량하지도 않다. 실제 다윗은 잔인했다. 그는 골리앗의 머리카락을 잡고 예루살렘까지 끌고 갔다.

106

슬로건은 가장 쉬운 선전이자 가장 효과적인 통치수단이다.

대중을 움직이는 리더의 카리스마는 슬로건에서 나온다. 슬로건에 따라 정치인의 승패가 결정되며 공동체의 운명이 결정된다.

선전의 귀재 아돌프 히틀러는 '감성적이고, 반복적인 선전'만이 효과가 있다는 것을 강조했다. 오늘날 히틀러의 충고는 여전히 유효하지만 미디어의 발달로 인해 그 의미는 많이 달라졌다.

좋은 슬로건은 시대정신時代精神을 함축한 것이다. 무엇보다도 '지금 대중에게 가장 절실한 그 무엇'에 대한 희망적인 대답이다. 그런 슬로건은 구체적이면서 명료해 그 의미가 명확히 전달된다. 유혹적이지 않으면서도 대중을 끌어들이는 힘이 있다. 그 힘은, 정직하면서 공동체의 미래를 염려하는 자만이 가진다.

너무 추상적이거나 다의적多義的이어서 해석이 따라붙은 슬로건은 대중을 피곤하게 만든다. 슬로건 역시 소통의 한 형식이며 그것도 정치인이 주도하는 소통인 것이다.

이념과 철학이 뚜렷한 정치인은 슬로건에 대해 고심할 필요가 없다. 자신의 생각을 집약한 말이 늘 준비되어 있기 때문이다. 그러나 대개 정치인은 이념이 정립되어 있지 않은 까닭에 대중의 기호에 영합하기에 너무 바쁘다. 소비자인 대중도 즉흥적인 건 마찬가지다.

2010년 무상급식 실시여부를 두고 벌인 서울시 주민투표에서 우파는 '단계적 무상급식'이라는 정책 슬로건을, 좌파는 '나쁜 투표'라는 감성적 구호를 내걸었다. 여기서 우파의 패배는 결정됐다. 당시 여론조사로는 70퍼센트 가까운 시민이 무상급식에 반대했다. 문제는 유권자의 3분의 1이상의 투표참가가 개표요건이라는 데 있었다. 좌파는 '나쁜 투표'니까 아예 투표에 불참하라고 선전했다. 우파는 이때 '무상급식은 나라를 망치는 보편적 복지의 첫걸음이므로 반드시 막아야 한다'는 결기를 보여 반대표를 결집하기보다 '단계적 실시'라는 온건한 태도를 보였다. 그 결과 '명백히 무상급식 반대를 표시한 25.7퍼센트'만이 투표에 참여했다. 이로써 대한민국은 집단주의로 방향을 틀게 됐다.

성공적인 슬로건의 예로는 1992년 클린턴이 썼던 '바보야, 문제는 경제야It's the economy, Stupid'라는 슬로건이 있다. 이 슬로건은 불황에 시달리던 유권자들을 단숨에 사로잡았다. 역사적으로는 1917년 러시아혁명

당시 레닌이 내건 슬로건이 있다. '평화, 토지, 빵!' 단 세 단어로 이루어진 슬로건은 민중을 격동시켜 차르 체제를 무너뜨렸다. '좋은' 슬로건은 이처럼 이념과 사상을 압축하여 드러내는 '단순화한 표현'이다.

2012년 대선에서 박근혜 후보는 '내 꿈이 이루어지는 나라'라는 슬로건에다 2007년 정동영 후보가 썼던 '국민행복'을 다시 꺼내들었다. 그런데 너무 추상적인데다, 국민행복은 한번 실패한 슬로건으로 산뜻하지도 않았다. 안철수 후보는 '새로운 변화가 시작됩니다'를 내걸었다. 변화니 개혁이니 하는 단어는 선거판에서 가장 많이 쓰이는 단어다. 그래서 구체적 내용이 없으면 공허하게 들릴 뿐이어서 반대파를 끌어들일 힘을 잃는다. 최악의 슬로건은 문재인 후보의 '사람이 먼저다'라는 구호였다. 이 슬로건은 마르크스부터 사민주의까지 그리고 사이비 좌파인 김일성주의조차도 애용하는 대단히 감성적인 좌파의 구호다. 그러나 선거판에서 먹혀들기 위해서는 '성장보다는 사람이 먼저다'는 식으로 구체적 비교가 필요한 구호인 것이다. 그런데 정작 문제는 세 후보의 주장은 보편적 복지를 수용하는 등 거의 비슷했는데도 슬로건에서 자기만의 색깔을 분명히 하지 않았다는 데 있다.

107

과연 좌파는 '사람이 먼저'인가?

집단주의는 '집단의 우위'를 정책의 바탕에 둔다. 그러나 정책판단 근거로 늘 '사람'을 내세운다. 바로 집단주의의 비극은 이 대목, 인간을 내세우면서도 개인을 부정한다는 데 있다.

'인간은 자본주의 대량생산체제에서 교환 가능한 부속품이다. 그리고 대의민주주의를 지탱하는 유권자들도 시장의 소비자처럼 표를 얻기 위해 조정할 수 있는 집단일 뿐이다.'

하이데거Martin Heidegger를 읽은 사르트르 등 실존철학자들은 이 같은 생각을 급진좌파 정치철학의 근거로 제공했다. '공공선公共善'을 주장하며 지역공동체와 시민사회 내의 결사체를 강조하는 마이클 샌델 역시 인간은 경쟁심으로 창의創意'를 부르는 것이 아니라 타인을 억압하고 지배하는 것이라고 한다.

이런 오해들이 쌓이면서 대중을 유혹하는 슬로건으로 '사람이 중심이다'식의 표현이 먹혀든다. 심지어는 언론조차도 이 슬로건을 떡하니 내건다. 도대체 '인본人本'에 반대할 사람이 누구이겠는가? 그래서 이런 슬로건은 다분히 선정적煽情的이다.

급진좌파가 애용하는 이 말은 그러나 결과는 다르다. 하이데거나 샌델처럼 현대사회의 반성에서 나온 것이 아니라, 공산주의의 유물론唯物論을 포장한 말에 지나지 않는 것이다.

사람 중심-인본사상人本思想은 자유주의의 뿌리이자 좌파의 뿌리다. 프루동과 바쿠닌, 마르크스도 '물질보다 사람이 중심'인 사고에서 '제도의 폭력'과 '자본의 억압'을 비판했다.

이 '사람 중심'이라는 근본적인 명제는 휘발성이 아주 높은 구호로 변질된다. 북한의 주체사상 역시 '사람이 모든 것의 주인이다'는 식으로 이 구호를 내 걸어 주체사상이 마치 인본사상에서 출발한 것 같은 착각을 일으킨다. 그런 착각이 이 명제를 더욱 혼란스럽게 만든 요인이 됐다.

주체사상은 수령이 아버지요 당이 어머니며 인민은 그 자식에 해당하는 것으로 수령의 직관直觀이 모든 것에 우선하는 독재방식을 체계화한 교리에 불과하다.

108

한정된 재화로 모두를 만족시킬 방법은 없다.

정치는 한정된 재화를 공평하게 나누는 방법을 찾는 일이다. 그런데 '이상적인 자원배분'은 처음부터 없다. 그게 가능하다는 공산주의를 비롯한 집단주의의 허구성은 이미 드러났다.

그래서 빈부격차는 생긴다. 빈부격차는 자본주의 체제에만 있는 것이 아니다. 어떤 집단주의 체제든 빈부격차는 생기기 마련이다. 모든 사람이 같은 품질의 노동으로 기여한다고 하더라도 생산물의 가치는 다 다르기 때문이다. 오히려 집단주의 체제에서는 권력을 가진 극소수의 지배계급이 부를 독점적으로 향유했다.

문제는 빈부격차를 심화시키는 '강자의 약탈掠奪'이다. 예컨대 특정집단의 이익을 위한 입법立法, 상품가격과 임금에 대한 암묵적인 카르텔과 담합談合 같은 것이다. 이런 것들이 상대적 박탈감을 증폭시켜 사회의 동질성에 균열을 일으킨다.

그와 반대로 약자를 가장한 '무임승차'도 무섭다. 보호가 필요한 사회적 약자가 아닌, 게으르고 방탕한 자들이 부지런하고 근검한 자에게서 필요 이상으로 가져가는 것은, 복지라는 이름으로 벌이는 '약자의 강탈强奪'에 불과하다.

어느 쪽이든 사회의 발전을 막는 건 분명하다. 전자는 기회의 균등을 막아 고착화된 '계급사회'를 만들고, 후자는 창의성을 잃은 무기력한 사회를 만든다. 둘 다 도덕성을 잃은 사회인 건 마찬가지다.

이런 함정에 빠지지 않으려면 강자의 재능과 노력을 존경하고 약자의 아픔을 공유하는 사회적 합의가 필요하다. 이런 합의를 이끌어내는 것이 정치의 역할이다. 그러려면 무엇보다도 정치인이 균형감각을 가져야 한다.

그런데 대부분의 정치인은 균형감각은커녕 진영논리에 빠져 있다.

109

부자의 도덕성처럼 빈자貧者의 도덕성도 중요하다.

정말 중요한 복지는 취약계층을 우선적으로 돌보는 것이다. 복지사각지대福祉死角地帶를 방치하는 사회에서 보편적 복지를 논하는 것은, '살 만한 자들이, 도저히 살 길이 없어 자살로 내몰리는 궁핍한 자를 핍박'해도 된다는 말밖에 되지 않는다. 복지의 근본적인 취지가 누구나 '인간다운 삶'을 누리게 하는 것이라면 복지사각지대를 외면한 복지는 어불성설語不成說이다.

2014년 2월 '송파 세 모녀 자살' 사건은 우리 사회가 얼마나 형식적인 복지에 매달리고 있는지 여실히 보여준 사건이다. 현 제도상 '세 모녀'는 복지수급자가 될 수 없는 최악의 궁핍상태였다. 이 사건이 일어나자 정치권은 마치 이런 사건이 처음이라는 듯이 들끓었다. 그러나 '세 모녀'는 우리 사회의 일상사다. 하루 40명이 넘는 자살자 대부분은 사실 이 세 모녀와 별반 다를 바 없이 궁지에 내몰린 복지사각지대의 사람들이다.

그런데도 오늘날 많은 사람들은 그런 '최우선 복지'를 팽개친 채 보편적 복지를 주장한다. 복지를 '공동체가 베푸는 수혜'가 아니라 '자신의 당연한 권리'로 인식하는 것이다.('적극적 자유positive liberty'의 하나다.)

그런데 그런 권리를 주장하면서 공동체에 대한 자신의 의무는 왜 외면하는 것인가?

다른 사람의 재능과 노력으로 마련한 복지를 누리는 건 정당하고, 자신이 공동체에 져야 하는 책임은 왜 부당한 것인가? 이 문제는 '대중의 도덕성'의 문제이다.(보편적 복지가 본격화된 2013년 연봉 3450만 원 이상 소득자에게 1년 16만 원 정도 세금인상계획이 발표되자 '세금폭탄'이라는 비난이 일어 결국 정부는 철회해야 했다.)

진보좌파들은 그동안 '부자감세'(이명박 정부가 법인세율을 낮춘 것)를 두고 비판해왔다. 그런데 그들은 부자가 아닌 계층 역시 감세대상이었다는 건 말하지 않았다. 무엇보다 부자들이 의무를 다하지 않았다는 건 거짓이다. 소득세의 과세대상은 불과 50퍼센트이며 절반이 면세자다. 부자들이 내는 세금의 누진율은 면세자들이 나무랄 정도로 낮지 않다.

그런데도 우리 부자들은 비난과 질시의 대상이 되어 있다. 로버트 노직Robert Nozick 교수의 생각은, '부자들은 저소득 계층을 위해 내는 세금만큼 강제노동을 당하고 있다'는 것이다. 이 말을 반박할 수 있으려면, 부자와 마찬가지로 빈자 역시 도덕적으로 엄격해져야 한다.

2013년 현재 소득세의 경우 상위 1퍼센트가 전체 소득세의 20퍼센트를, 상위 10퍼센트가 80퍼센트를 부담하고 있다. 법인세의 경우는 상위 1퍼센트가 86퍼센트를 부담한다. 근로소득세만 보면 상위 10퍼센트가 68퍼센트를 낸다. 따라서 누진율을 더 높이기 전에 소득세를 부담하는 담세층의 비율을 높이는 '보편적 납세' 정책부터 펴야 한다.

110

이제 마르크스는 없다. 마르크스가 원했던 혁명의 조건은 나타나지 않았다.

자본주의는 임금노동자를 착취하기보다 실질임금을 향상시켜 대규모 중산층을 만들어냈다. 무엇보다 마르크스가 상상한 대로 실업자는 양산되지 않았고, 기업의 투자로 더 많은 일자리가 창출됐다.(물론 경기불안으로 일시적인 실업자 증가는 있다.) 기업의 소유도 소수의 자본가가 독점하지 않고 수많은 주주로 확산되었다.

마르크스의 예상을 벗어난 가장 큰 사건은 중산층이 확대되어 사회의 다수세력이 된 점이다. 폴 새뮤얼슨Paul Anthony Samuelson 교수는 이로써 마르크스는 허구虛構가 되었다고 지적한다.

생산직 노동자뿐 아니라 관리직, 기술자와 공무원들, 전문직으로 일하는 노동자들이 '노동귀족' 같은 계층을 형성했고 이 그룹이 중산층의 주류가 된 것이다. 이제 자본가와 노동자의 갈등 못지않게 고임금 노동자와 저임금 노동자의 갈등이 문제되고 있다.

사실 이 중산층의 존재는 폭력혁명을 불가능하게 할 뿐만 아니라 좌파의 출현 자체를 막았다. 공산주의 체제를 지키던 소련과 동구권東歐圈은 중산층이 늘어나자 차례로 무너졌다.

그렇다면 중산층이 압도적인 사회에서 이른바 '경제민주화'를 통해 사회주의로 가겠다는 사회민주주의자들의 희망은 망상에 그칠 수밖에 없는 것이다.

정부의 도덕성은 언제 드러나는가?

보수주의는 개인주의적이며(요즘은 가족을 더 중시한다.) 기업친화적이다. 그것은 경제적 측면으로는 보수주의가 옛날의 자유주의를 계승했기 때문이다.

그런데 현대 보수주의의 근간을 이루는 '전통적 보수주의'는 도덕성을 기초로 한다. 무엇보다도 자유에 따르는 책임을 중시한다. 공동체에 대한 헌신과 그런 헌신을 존중하는 것도 흔히 노블리스 오블리주라고 부르는 보수정신이다.(이명박 정부가 보수정부가 아니라는 비판은, 스스로 중도실용이라 한 영향이 크지만, 정책 설정과 집행뿐 아니라 인적 구성에 이르기까지 근본적으로 도덕성이 결여되어 있었기 때문이다.)

그러면 정부의 도덕성은 어떤가? 많은 사람들은 단순히 '정부가 부패하지 않으면 도덕적'이라고 생각한다. 그러나 한 정부의 도덕성이 극명하게 드러나는 건 국가가 위기에 봉착했을 때다.

우리 문민정부는 예외 없이 부패했지만 그런 면에서도 우리는 문민정부가 시작된 뒤 단 한 번도 도덕적인 정부를 가지지 못했다.

단적인 예로 김대중 대통령은 2002년 서해교전으로 참수리호가 침몰한 직후 월드컵 결승전을 보러 일본에 갔다. 이명박 정부는 연평도 피격에 맞서 적절한 대응을 하지 못했다.

무엇보다도 문민정부들은 북한의 핵을 억제하기는커녕 일조했다. 김대중 정부의 햇볕정책과 노무현 정부의 포용정책이 그것이다. 그 두 정책은 북한이 점진적인 개방을 할 것이라는 걸 기대한 것이지만 한편으로는 통치자의 업적을 위해 정부의 도덕성을 팽개친 것이기도 했다.

도덕적인 정부는 두려움이 없고 도덕적이지 않은 정부는 힘이 없다. 그것은 대통령 개인도 마찬가지다.

[112]

우리 보수주의자들은 현실주의자들인가?

보수주의는 흔히 너무 현실주의에 빠져 있다는 비난을 받는다. 이 말은 명백한 오류다. 오늘날의 보수주의자들이 현실에 바탕을 둔 정책을 지지하는 것은 맞다. 보수주의는 오히려 현실에 적용하기 힘든 정책을 주장하는 자들을 경멸한다.

예를 들자면 반값등록금 정책이 있다. 이 논의는 우리 대학들의 등록금이 서구에 비해 너무 비싸다는 데서 시작됐다.

그러나 서구와 달리 우리 고등교육은 대부분 사립대학이 맡고 있다.(우리 국공립대학은 이미 30개가 넘는다. 서구처럼 대학진학률이 40퍼센트 정도이면 사립대 비율도 훨씬 낮아질 것이다.) 국공립대학은 몰라도 사립대학의 등록금을 문제 삼는 것은 시장경제와 자기책임의 원칙에 반하는 것이다.

우리 대학들 중에서 제대로 교육이 이루어지는 곳은 장담하건대 50퍼센트가 되지 않는다.(교수능력과 수학능력 둘 다 부족하다.) 그렇다면 반값등록금으로 이런 방만한 고등교육을 방조傍助해선 안 된다. 오히려 부실대학을 없애고 좋은 대학에서 훈련된 전문직을 배출하도록 유도해야 옳다.(국공립이 아닌 사립대학에 국민의 세금으로 등록금을 지원한다면, 그 세금에는 대학에 진학하지 못한 자가 낸 소득세도 포함되어 있다는 점에서 불공정하고 비도덕적이다.)

대다수 보수주의자들은 정책에 대한 실용주의적 접근을 냉소적으로 본다. 실용주의가 자주 보수적 가치를 훼손하기 때문이다.

그런데 많은 경우에 현실주의는 실용주의와 통한다. 정책판단을 할 때 상위의 가치를 지키기 위해서는 때로는 실용적 접근을 할 수밖에 없는 것이다. 특히 안보부문이 그렇다. 우리 안보현실은 자주국방이라는 보수적 정책을 고집하기에는 힘이 부치는 것이 사실이다. 보수주의가 현실주의적이라면 바로 이런 부문에서다.

[113]

우리 정치인에게 우선 필요한 덕목은 책임감이다.

통치자의 책임감은 곧 국가의 미래다. 책임감이 결여된 통치자는 현 상황에서는 도피할 수 있겠지만 다음 세대에게는 죄인으로 지목된다.

그런데 통치자가 책임감을 가지고 행동하는 것이 그리 쉬운 것은 아니다. 대중의 이익과(혹은 대중의 기호와) 국가의 미래가 늘 일치하는 것은 아니기 때문이다. 오히려 미래의 이익을 위해 대중의 희생을 필요로 할 때가 더 많다. 이럴 때 통치자가 미래를 위한 결정을 내리기란 정말 어려운 일이다.

통치자는 때로는 책임감으로 인해 자신의 신념을 포기할 때가 있다. 버락 오바마가 그 예다. 오바마 정부는 조지 부시George Bush 정부가 '보수주의에 지나치게 매몰되어 대단히 개인주의적이고 기업친화적이었다'고 비판하면서 등장했다. 그런 오바마 정부는 막상 월가의 탐욕조차 제대로 징벌하지 않았다.

미국 기업의 이익을 위해서라면 '무슨 짓이든 할 수 있는 것처럼' 행동했던 것이다. 오바마의 막대한 '초법적인' 지원으로 디트로이트의 자동차회사들은 살아났다. 그런데다 지미 카터Jimmy Carter 이후 처음으로 진보 대통령이 등장했다며 환호했던 미국 좌파진영이 기대했던 '개혁'은 대부분 외면했다.

오바마는 진영논리에 빠져 '돌아올 수 없는 복지의 다리'를 무작정 건너는 우매한 짓을 하지 않았던 것이다. 이런 오바마를 두고 미국 좌파진영은 '자유주의자liberalist가 아닌 실용주의자pragmatist'라고 불렀다. 사가史家들은 오바마를 과연 어떻게 평가할 것인가?

우리 진보주의 정치인들에게 이런 책임감이 있는 것인가?

미국 리버럴리즘은 과거에도 서구 진보주의의 급진적 변화보다는 보수주의의 방식인 점진적인 변화를 추구했다. 서구 진보주의자들이 리버럴리즘을 좌파가 아닌, '우파의 비둘기파'로 보는 이유다, 미국이 서구 좌파에 관용적인 태도를 보인 것은 프랭클린 루스벨트 대통령 때다. 공산주의에 무지했던 그는 스탈린과 대화를 즐겼고 스탈린은 루스벨트에게서 최대한 수익을 챙겼다. 그 뒤 미국에 본격적으로 진보정책이 들어오고 존

케네디 정부를 거쳐 린든 존슨 정부 때 '큰 정부'로 변화했다. 시민의 권리의식도 덩달아 커졌다.

그 뒤 공화당을 중심으로 보수주의도 바뀌었다. 탈규제가 더 큰 화두가 되었고, 민영화가 주요 의제가 되었다. 레이건은 연금을 선택하는 개인의 권리를 침해한다며 사회보장제도의 철폐를 주장하기도 했다. 부시는 소수의 특정이익집단을 위한 차별시정조치와 그런 노동운동을 용인하는 단체협약, 빈곤층을 게으르게 하는 복지정책까지 폐지하려 해서 급진주의자radicalist로까지 불렸다. 그 직후 버락 오바마가 등장했다.

113-1

정치판이 대중을 속이지 않으려면 이념에 충실해야 한다.

우리 이념지도理念地圖로는 '자유주의자liberalist(현대 자유주의자)'가 보수우파에 속한다. 그 이유는 많지만 '김일성주의' 체제를 주적主敵으로 둔 분단 상황에서 '자유의 확산spread of freedom'을 기조로 하는 자유주의가 김일성주의에 우호적이거나 침묵하거나 탄핵하지 않는 '진보좌파' 진영에 가담할 수는 없는 것이 가장 큰 이유다.

게다가 오늘날 보수주의와 자유주의는 정책적 접근을 보이는 부문이 많다. 그렇게 된 것은 자유를 제한하는 '사회적 강제'가 늘어나면서 자유주의가 보수주의보다는 진보주의와 싸울 일이 늘어났기 때문이다.

더욱이 '고전적 자유주의'의 시장자유 정신을 오롯이 계승한 보수주의도 오늘날 정부부문의 확대를 일정부분 수용하고 있다. 그중 하나가 빈부격차를 줄이기 위한 '규제와 조정'을 거부하지 않는다는 것이다. 이제 보수주의가 자유주의 진영과 다른 점이 있다면 '그 어떤 경우에도 개인과 기업의 자유의 근간을 제한할 수 없다'는 정도다.(대부분 자유주의자도 이 점을 수긍한다.)

그런데 우리 정치판은 자유주의, 더 나아가서 보수주의적 주장을 하는 많은 정치인들이 진보좌파 진영에 몸을 담고 있다. 정치판이 지역을 볼모로 잡고 있는 것이 가장 큰 이유다. 게다가 우리 정당이 보스를 따라 뭉친 패거리인데다 그 보스들이 지역을 볼모로 잡고 있기 때문이다.(그 반대로 진보주의적 주장을 하는 자가 자신을 '보수'라고 하는 예는 무수히 많다.)

따라서 정치판이 대중에 정직하려면 범자유주의 진영과 범진보주의 진영으로 재편하는 것이 필수적이다. 그것이 성숙한 민주주의로 가는 첫 걸음이다.

같은 좌파라도 진보주의-사회민주주의는 범집단주의이지만, 자유주의는 보수주의와 함께 범자유주의에 속한다. 오늘날 서구에서 유행하는 '소셜 리버럴social liberalism은 사회민주주의가 우클릭하면서 자연스럽게 미국의 리버럴리즘과 접목된 것이다. 말하자면 서구 사민주의는 집단주의적 사고에서 벗어나고 있는 중이다. 1992년 러시아자유주의혁명이 완결되면서 세계적으로 집단주의는 후퇴하고 있다.

보수주의-자유주의의 정책적 접근을 이해한다면, 이른바 '경제민주화'의 주요 정책들은 대개 기업의 창의를 침해하는 규제라는 데서 반反보수주의적이자 반자유주의적이란 걸 알게 된다.

예컨대 출자총액제한제나 순환출자금지를 규정한 선진국이 있는가?(순환출자는 장기적으로 그 고리를 끊도록 정부가 유도해야 한다.) 중소기업 보호와 육성은 필요하지만 중소기업 고유업종지정제도는 기업자유의 근간을 해치는 것이 아닌가? 더 나아가서 좋은 제품을 원하는 소비자 권리를 침해하는 것은 아닌가? 고유업종 지정은 자칫 외국 대기업에 시장을 내줄 수 있다.

이런 바보짓보다 더 중요한 것이 '공정거래질서'라는 것을 다들 안다. 그런데도 정치인들이 '재벌을 공격한다'는 명분으로 출자총액제한이나 순환출자금지에 매달리거나 '중소기업을 위한다'는 명분으로 고유업종지정 제도를 주장하는 것은, 그런 정책들은 선정적이고 선동적이어서 표票가 되지만 공정거래질서는 시장 전체에 관련된 문제라서 여간해서는 표가 되지 않기 때문이다.

114

선거는 변화를 말하는 쪽에 유리한 게임이다.

대중은 언제나 변화를 원한다. 변화를 구하는 건 중산층이 절대 다수를 차지하는 안정된 사회에서도 마찬가지다. 대중은 그때도 더 나은 삶을 희망하기 때문이다.

그러나 중산층이 기대하는 변화는 집단주의적 사고에서 나오는 정책이 아니다. 더욱이 역동성力動性과는 거리가 멀다. 자기의 성취를 잃고 싶지 않기 때문이다.

버락 오바마의 재선은 '좌파' 리버럴리즘의 승리이지만, 다른 시각으로는 '실용주의'의 승리라고 할 수 있다. 그는 중앙정치 4년 만에 대통령이 됐다. 경력이라곤 로스쿨 강사, 주 상원의원, 그리고 연방 상원의원 초선이 고작이었다. 그런 오바마는 '변화와 희망'을 내걸고 워싱턴정치를 20년 넘게 경험한 존 매케인John McCain을 눌렀다. 4년 후에는 다시 매사추세츠 주지사 출신인 밋 롬니Mitt Rommy에 승리했다.

롬니는 몰몬교 신자로 솔트레이크 동계올림픽 조직위원장을 지냈다. 게다가 그는 디트로이트 자동차 재벌의 아들이다. 롬니는

49퍼센트의 지지를 받고 석패惜敗했지만 선거인단 차이는 컸다. 거기엔 디트로이트가 있는 오하이오에서의 패배가 한 원인이 됐다.(롬니는 미국 보수주의에서 보기 드물게 국가주의적 사고를 보였다. 그의 책 제목이 『위대한 미국은 사과하지 않는다』이다. 하지만 국가주의가 먹힐 어젠다가 없었다.)

언론은 미국민은 변화보다는 안정을 선택했다고 평했지만 그건 명백한 오류다. 아직 일어서지 못한 중산층이 좌파에게 힘이 됐다. 결국 미국민은 여전히 변화를 구하고 있었던 것이다.

죽은 마르크스는 언제든 살아날 수 있다.

그 부활을 막는 것은 곧 자본주의의 몫이다. 서구는 지금 우파의 시대다. 그러나 언제 다시 '자본주의 체제와 부자에게 결코 승복하지 못하는' 빈자貧者의 시대가 오지 말란 법은 없다.

마르크스는 런던 하이게이트 묘지에 묻힌 뒤에도 수차례 불사조처럼 살아났다. 이 오만한 천재는 적어도 자본주의가 존재하는 한, 그 가장 어두운 곳에서 자신이 살아날 것을 알았다.

마르크스는 1867년 『자본』을 출간하며 공산주의를 꿈꾸었다. 반면 그와 동시대 사람으로 대영박물관 도서관에서 자주 마주쳤던 존 스튜어트 밀은 오늘날에도 유효한 자유주의 이념의 토대를 닦았다. 그는 애덤 스미스 시대에 이미 시작된 '시장의 실패'의 대안으로 소득의 재분배를 통한 복지국가welfare state를 생각했다.

그러나 마르크스 사후 20세기 초까지 유럽 지식인 사이에 몰아친 공산주의는 그의 예언처럼 프롤레타리아계급혁명으로 진화하지 못했다.(1917년 러시아혁명은 엄격히 말해서 마르크스주의의 실천이 아닌 전위당 민주주의였다.)

공산주의를 비롯한 진보사상을 쫓아낸 것은 '전쟁과 기업'이었다. 1차세계대전은 '과학적 역사관'의 근거인 진보적 낙관주의를 무너뜨렸고, 기업의 발전은 진보운동인 노조운동, 교육의 보편화, 여성인권의 확대를 통해 역설적으로 자본주의의 토대인 중산층을 다수로 만들었다.

그런데 이 현상은 곧 정반대로 바뀌었다. 2차세계대전의 산업파괴로 인해 빚어진 중산층의 상대적 박탈감은 1960-70년대 좌파의 확산을 불렀던 것이다.

지금은 20세기 초 진보주의 정당이 창당하면서 요구하던 정책들이 거의 다 시행되고 있다. 독립한 중앙은행이 통화를 관리하고, 고등교육까지 보편화되었으며 세금의 누진율은 마르크스가 꿈도 꾸지 못했을 정도다.

그래도 마르크스는 살아날 것이다. 중산층의 몰락은 마르크스가 부활할 온상이다.

116

우리 '진보'는 대개 가짜다.

우리 '보수'를 보수주의라고 부르기 어렵듯이 '진보' 역시 진보주의라고 할 수는 없다. 그건 우리 보수주의와 자유주의가 아직 제대로 이념 정립을 못한 탓에 대항이념인 진보주의까지 흔들린 탓도 있겠지만 근본적으로는 진보주의가 겉멋만 배워온 때문이다.

예컨대 박정희를 보수주의의 전범典範으로 보는 보수주의의 무이념성이 진보주의를 왜곡한 데 일조한 것은 아닐까? 나는 이 땅에 '보수-진보' 논쟁이 시작됐던 2003년경부터 우리 '신보수의자'들이 대부분 가짜라는 생각을 버리지 못하고 있다. 그 논쟁은 중앙일보에 1년간 연재한 '시대읽기'와 그 직후 시작돼 6년간 계속됐던 'KBS 열린토론'이었다. 나는 그 두 논쟁에 모두 보수 패널로 참여했다.

말하자면 반공과 '민주화民主化'가 중심이 되었던 과거 보혁保革 이념논쟁의 틀에서 우리 '진보'는 아직도 벗어나지 못하고 있는 것이다. 더 정확히는, 우리 '진보'의 상당수는 마르크스주의나 그 아류 집단주의에 매몰되어 있다. 경청할 만한 진보주의자는 소수의 케인즈주의 경제학자뿐이라고 말할 수 있을 정도다.

그러니까 대학을 점령한 구조주의 좌파 학자들, 그들의 영향으로 '사회적 강자'를 비꼬고 근거 없이 공격하고 궁지로 모는 것에 재미를 들인 지식인들, 정치적 레토릭으로써 얻은 명성을 즐기는 '강남좌파'들, 여기에 편승한 정치 부랑아들이 합작하는 조잡한 '한국형 진보주의'는 진보주의의 진정한 방향은커녕 궁극적 목적조차 관심이 없는 사이비 이념 수준이다.

그들에게 진보주의는 인본사상人本思想의 표출이 아닌, 생계수단이나 양명揚名의 도구에 불과하기 때문이다.

문제는 그런 사이비들이 주장하는 정책이 진짜 진보주의자들이 고뇌한 정책을 압도한다는 데 있다. 마치 가짜 보수주의자들이 내놓은 주장이 보수주의를 죽이고 있는 것과 같다.

시장의 존재를 인정하면서도 도저히 양립할 수 없는 정책을 주장하는 건 차라리 괜찮다. 그들이 무식하다고 치부하면 그만이기 때문이다. 그러나 도덕성과는 거리가 먼 정치공학적 정책을 외치는 건 그들이 마르크스주의의 실천적 논점인 패권주의에서 한 발도 더 나가지 못하고 있음을 의미한다.

116-1

우리 '진보좌파'가 '무상복지無償福祉'에 목을 매는 건 자기최면 自己催眠이 아니라면 집단타락集團墮落이다.

그렇지 않다면 일종의 사기극詐欺劇이다. 그 외 달리 설명할 길이 없다. 서구 좌파는 이미 집단주의의 최면에서 깨어나고 있다. 늦게 그 폐해를 깨달은 나라들은 심각한 재정난에 빠져 있다. 무분별한 정부부문의 확대로 인해 빈털터리에다 빚쟁이가 된 스페인과 그리스가 그 예다.

그런데도 우리 진보좌파들이 '무상복지만이 중산층을 살리고 경제를 살리는 길'이라고 강변強辯하는 건 무슨 이유인가? 무상복지-보편적 복지가 내수를 진작시켜 수출일변도의 왜곡된 경제구조를 바로잡고 경제를 활성화시킨다는 말은 그들이 제정신인지 의심케 하는 대목이다.

보편적 복지로 개인의 가처분 소득이 는다는 것은 상상에 불과하다. 보편적 복지는 증세를 통한 재원 마련이 필수적이기 때문에 가처분 소득을 늘리는 게 아니다.(큰 틀에서 보면 대중의 돈을 걷어 국가가 구매해 배급하는 것과 같은 구조다.) 거기다 복지의 품질이 낮은 탓에 복지비용의 많은 부분은 낭비된다.(예컨대 무상급식으로 제공되는 밥은 20퍼센트 이상 버려진다. 이중 비용이 드는 것이다.)

더욱이 복지사각지대福祉死角地帶를 방치한 채 보편적 복지로 모든 것이 다 해결된다고 믿는 근거는 무엇인가? 우리 사회에는 독거노인, 소년소녀가장, 희귀병 환자 등 사회보장이 제대로 이루어지지 않는 복지사각지대가 너무 많다. 이 사각지대를 방치한 채 복지를 외치는 배짱은 도대체 어디에서 나오는 것인가?

좌파가 보편적 복지라는 환상을 버리지 못하는 이유는 단 하나다. 보편적 복지가 선거에 도움이 되기 때문이다.

그들도 보편적 복지로써 불평등을 해결할 수 없다는 것을 잘 안다. 그런데도 한번 바뀐 대중의 흐름을 되돌릴 만한 '정직한 힘'이 없는 것이다. 결국 선거승리라는 사익私益이 국가의 명운이 걸려 있는 정책을 결정하는 데 유일한 판단기준이 되고 있다.

2007년 경기도 교육감 선거에서 무상급식 공약이 처음 등장했다. 2002년만 해도 무상급식 무상보육 무상의료 등 민노당의 3무정책은 정치판에서 조롱거리였다. 우선 재원이 없는데다가 그 무렵 이미 서구에서는 보편적 복지 회의론이 대세였기 때문이다. 스스로 진보좌파임을 자부했던 노무현 정권의 '열린우리당'조차도 이런 무상복지 정책은 무시했다. 정부는 영유아접종 등을 이미 무상으로 하고 있었지만 무상보육은 아니었다.

무상시리즈는 서구에서 1960-70년대 진보주의 정권 전성시기에 선풍적인 인기를 끌었다. 무상복지는 빈부격차에 대한 불만을 이용한, 가장 확실한 좌파의 선거전략이었던 것이다. 그러나 무분별한 복지의 폐해가 드러나고 낮은 품질이 문제되자 각국은 '일률적인 무상복지'를 철회하기 시작했다.

이 무상복지의 맹점은 재원과 하향평준화에 있다. 엄격히 말해 이때 '무상無償'은 사실 무상이 아니다. 공동체에 드는 비용은 그 구성원이 내는 세금이 아니라면 국채 등으로 조달하는 빚이다. 말하자면 개인이 낸 돈으로 균질한 음식과 보육, 그리고 의료를 제공하는 것으로 사실상 배급제와 같은 것이다.

많은 좌파들은 무상복지 정책의 '급진성'을 부정한다. 무상복지는 공동체 구성원의 삶을 균질하게 하는 정책으로 결코 생산시설의 국유화처럼 과격하지 않다는 것이다. 본래 '급진적radical'이란 기존의 제도로는 도저히 '개혁reform'할 수 없는 경우 그 틀을 바꾸자는 생각을 말한다. 일반적으로 보수주의자는 정책비용을 줄이고 꼭 필요한 곳에 복지를 펼 것을 주장한다. 온건좌파도 빈곤선貧困線 이하의 숫자를 줄여 경제 불평등 수준을 낮추는 데 관심을 가진다. 그런데 급진좌파는 자본주의에서 충족하기 어려운 평등, 그것도 동질성을 중요시한다. 존 롤스의 평등주의적 자유주의나 마이클 샌델의 시민적 공동체주의의 이론은 그게 바탕이 된 것이다. 공동체 구성원들에게 똑같은 빵, 똑같은 기저귀, 똑같은 처방전이 주어지는 것이 바로 균질한 삶이고 평등한 복지라는, 집단주의적 사고인 것이다.

116-2

우리 진보주의자들은 왜 공기업의 민영화民營化에 반대하는가?

공기업 부채는 경제학자들이 말하는 '그림자 부채'가 아니라 곧 국가채무다. 우리 공기업의 부실不實은 이미 수인한도受忍限度를 넘은 지 오래다. 만약 사기업이었다면 오래 전 파산했을 것이다.(2012년 말 공기업 부채는 493조원이며 그중 70퍼센트 정도는 갚을 자신이 없는 '적자성 부채'다. 게다가 12개 기업은 영업이익으로 부채에 대한 이자를 갚지 못한다.)

이런 부실은 정부정책의 탓도 있지만 상당부분은 방만한 경영 때문이다. 공기업은 '신의 직장'이라고까지 불린다.

그래서 김대중 · 노무현 정권에서도 공기업 민영화라는 칼을 빼들었다. 철도민영화 계획이 대표적이다. 그러나 실패했다. 정권을 뒷받침하는 진보좌파 진영의 반대에 부딪혔던 것이다.

그들의 반대이유는 뚜렷하지 않다. 민영화 없이 부실을 치유할 방법도 없다. 결국 아무런 대안이 없는 그런 반대는 이기적 태도로 일관하는 공기업 사원들의 반발을 업고 부실을 계속 키우고 있는 중이다.

그들은 마거릿 대처 총리가 공기업 민영화로써 '영국병'을 치유한 것조차도 부정한다. 민영화로 서민이 더 어려워졌다는 것이다. 그러나 그 말은 근거 없는 것이다. 그들이 반대하는 진짜 이유는 '생산시설의 국유화 공유화'가 범汎집단주의의 핵심적인 도그마dogma이기 때문이다.

사실 세계가 기간산업을 비롯한 기업의 국유화 공유화에 회의懷疑한 지는 오래됐다. 경쟁체제를 도입하지 않고는 부실을 막을 길이 없는데다가 그 부실이 고스란히 국민의 부담으로 돌아가기 때문이다.

더 큰 문제는 공기업의 부실은 결국 다음 세대의 짐이 된다는 점이다. 우리 진보 진영은, 이 점을 고민하지 않으면 미래가 없다.

116-3

민영화民營化, privatization에 반대한다면 보수주의자가 아니다.

민영화는 탈규제deregulation와 함께 보수주의의 핵심 어젠다다. 전통적 보수주의와 달리 오늘날 '현대 보수주의'는 시장경제의 장점을 극대화하려는 정책을 내건다. 정부가 적게 개입할수록 경제는 더 역동적이 되고 '파이'-국부國富는 커진다는 것이다. 말하자면 민영화야말로 진보주의와 보수주의를 가르는 가장 명확한 경계선인 셈이다.

원래 원류 좌파인 공산주의는 사유재산의 철폐를 근간으로 하는 이념이다. 사회주의가 '학문적으로' 공산주의와 다른 점은 사유재산의 철폐 대신 사유재산의 이익을 제한하려는데 있다. 사회민주주의와 민주사회주의 역시 생산시설에 대한 공적 통제를 강화하고 사회적 재화의 평등한 분배에 치중한다. 민주적 절차를 배제한다면 곧 '사회주의적'이라고도 할 수 있는 것으로, 영국 노동당이 도입한 기업 국유화와 국가의료제도NHS(무상의료)는 바로 이 민주사회주의의 핵심정책이다.

이 정책들은 보수당의 마거릿 대처 총리와 이를 이어받아 '제3

의 길'을 걸은 노동당의 토니 블레어 총리에 의해 폐기되거나 완화되었다.

오히려 복지국가의 모델이라는 스웨덴은 성장과 분배를 동시에 추구하면서 생산수단의 공공소유 정책은 채택하지 않았다. 스웨덴은 사회민주주의를 가장 성공적으로 정착시킨 나라다. 스웨덴 식 사회민주주의의 초점은 생산이 아닌 분배에 있었다. 높은 소비과세를 통해 확보한 재원으로 광범위한 보편적 복지를 시행하는 것이다.

그런데 스웨덴 식 사회민주주의는 인구가 많고 국토가 좁은 나라, 사회갈등을 치유할 내부요인이 없는 나라에서는 성공하기 매우 어려운 것이다. 우리와 조건이 비슷한 나라는 영국, 프랑스, 스페인, 이탈리아처럼 인구가 많은 나라다. 복지모델을 벤치마킹하려면 이런 나라에서 성공한 모델을 찾아야 한다.

스웨덴 식 사회민주주의를 적용하기 어려운 데는 많은 이유가 있다. 스웨덴은 넓은 국토에 인구는 적고(880만 정도다) 구리 등 자원이 풍부한 나라다. 따라서 고속철도나 지하철, 광통신망 같은 SOC(사회간접자본, social overhead capital)보다는 직접적인 복지를 행하는 것이 효과가 크다. 이런 자연 조건보다 더 중요한 것은 왕국으로서 국가의 구심점이 있고 루터교 신자가 80퍼센트를 넘어 갈등이 적다는 사실이다. 이런 조건들이 사회민주당이 정권을 잡은 1932년부터 진보정책을 무려 75년이나 유지하도록 했다. 그 사회민주주의 정권도 '생산시설의 국공유' 정책은 포기했던 것이다. 기업의 85퍼센트가 사기업이다. 그동안 부유층의 해외이주 같은 부작용도 컸다. 그런 스웨덴도 하향평준화를 견디지 못하고 우경화하여 2006년 온건당으로 정권이 교체됐다.

[117]

좌파의 가장 큰 특징은 폭력적이라는 데 있다.

급진좌파radical Left는 원래 폭력을 수단으로 설정하지 않았다. 선거와 입법으로써 자신들의 이념을 관철하려고 했다. 그러나 지금 급진좌파는 과거와 다른 모습이다. 평소에는 온화한 얼굴을 하고 있지만 진면목은 광기어린 폭력에 젖어 있다. 패권주의覇權主義에 빠져 폭력을 불사하는 일이 잦아지면서, 기존질서에 대한 항의의 표시로 폭력적인 발언과 행동을 일삼는다.

이에 비해 극단주의extremism에 매몰된 좌파는 처음부터 자신의 이념을 관철하기 위해 폭력을 불가피하게 여기거나 때로 폭력을 필수적인 것으로 이해했다. 레닌 스탈린의 '전위당 민주주의'가 그랬다. '전원화田園化 계획'으로 인구의 4분의 1을 살해한 캄보디아 '앙카 류'는 '필수적인 폭력'을 주장한 장 폴 사르트르의 제자들이었다.(알 카에다, IS-'이슬람 국가' 조직 같은 이슬람일원주의자나 KKK단 같은 인종주의자들은 대부분 극우極右로서 역시 폭력을 수단으로 한다. 국수주의國粹主義도 대부분 극우에 속한다.)

사실 '대중의 폭력'은 1789년 프랑스혁명에서 본격화됐다.(1776년에 시작한 미국 독립혁명은 자유와 독립을 위한 '전쟁'이다.) 이 혁명은 '앙시앙 레짐'이라는 구체제를 폭력으로 전복시키고 공화정을 출범시킨 것으로 좌파들은 '급진 부르주아 자유주의혁명'이라고 정의한다.(우파는 대개 '자유주의 시민혁명'이라 한다.)

그때 공화정을 담당한 자들은 온갖 직업의 '지식인'들이었다. 그들은 폭력적이었고 또 잔인했다. 이 급진적 성향을 목격한 에드먼드 버크는 『프랑스혁명에 관한 성찰』이라는 책을 써서 자유주의가 부른 급격한 혼란과 폭력성을 비판했다.

'국정을 담당해본 자는 단 한 사람도 없다. 똑똑하다는 자들은 전부 말로만 떠드는 자였다.'

118

누가 보수주의를 왜곡하는가?

대표적인 왜곡은 보수주의는 늘 강자의 편이며 약자를 배려하지 않는다는 것이다. 그래서 경제적 불평등을 방치하여 약자의 소외疏外를 심화시킨다고 한다.(카를 마르크스의 『경제학철학 논고』의 핵심이 바로 '소외론'이다) 과연 그런가?

첫 번째 질문은 이것이다. 경제적 약자를 배려해서 결과적 평등을 추구하는 것이 과연 정의로운가? 대개 인간은, 마이클 샌델 같이 시민의 덕목을 강조하는 낭만적인 급진좌파의 생각처럼 '특별한 이유 없이' 타인을 배려하지는 않는다. 그런데 급진좌파는 '결과적 평등에 너무 기울어 오히려 불평등해진 것'을 민주적 태도로 오해한다.

예컨대 성실한 자가 노력해서 얻은 과실을 단지 공동체의 일원이라는 이유로 빼앗아 불성실한 자에게 분배하는 것이 과연 샌델이 말하는 시민의 덕목에 속하는 것일까? 부도덕한 약자를 배려하는 지나친 관용은 '약자의 강탈'에 불과하다. 그건 정의가 아니다.

두 번째 질문은 이렇다. 부자들의 책임을 강제하는 것이 정의로운가? 사실 자본주의가 발달할수록 '부의 집중'이라는 구심력求心力은 강해진다.(부의 집중은 한편 사회구성원의 원심력遠心力으로 작용한다.) 누진세와 상속세 그리고 사회보험 등이 이런 구심력을 줄이는 제어장치로서 기능하지만 중요한 것은 '부자들이 공동체에 가지는 책임감'이다.

흔히 '부를 사회에 환원한다'고 표현하지만, 이 말은 그리 옳은 말은 아니다. 정상적인 사회에서 부자들의 재산은 재능과 노력의 대가이며 또한 근검절약한 결과이기 때문이다. 따라서 부자들의 책임은 강제할 수 없는 도덕적인 문제이다.

이제 대부분의 범汎자유주의 그룹은 약자에 대해 더 많은 관심을 보인다. 리버럴리즘은 개인의 자유를 높게 평가하면서도 공동체의 경제적 불평등을 완화하기 위한 정부의 개입을 용인한다. 서구의 뉴 리버럴리즘new liberalism도 마찬가지다. 보수주의 역시 빈부격차를 줄이기 위한 정부의 개입에 관대하다. 그래서 강자에 대한 제어制御가 계속 늘어나고 있다.

그러나 그런 제어가 수인受忍의 한도를 넘으면 안 된다. 말하자면 한 마을에서 방탕한 다수를 위해 밭가는 농부가 따로 있어서는 안 되는 것이다. 그래서 '소득의 재분배'는 자의적인 입법으로 결정해서는 안 되는 한계를 가진 정책이다. 그 한계는 곧 자본주의의 미덕美德이라고 할 수 있는 '불평등할 권리의 인정'이다.

진보주의자들은 보수주의의 이 점을 오해해 가진 자의 탐욕성만 부각한다. 그래서 보수주의를 공격할 때 늘 '보수주의자들은 정부의 규제로부터 시장을 자유롭게 해방시키려 한다'라는 표현을 쓴다.

설사 그 말이 맞다 해도 거기엔 조건이 붙어야 한다. 그것은 보수주의가 추구하는 시장자유가 무제한적인 자유가 아니라 '재산권을 남용금지' 외에도 '국가안전보장 질서유지 공공복리' 같은 헌법적 제한의 틀 안에서 작동하는 자유라는 것이다.(이 점에 무지한 좌파가 '경제민주화'라는 정치적 구호를 헌법에 수용한 것이 바로 헌법 119조 2항이다.)

극좌적 정책 중의 하나로 이른바 부유세富裕稅, net wealth tax가 있다.

부유세는 일정액 이상의 자산을 소유한 자에게 부과하는 일종의 세금으로 현재 프랑스, 핀란드, 노르웨이 등에서 시행하고 있다. 그러나 부유세는 '소득의 재분배'를 넘어 '재산의 재분배'를 추구하는 일종의 '증오세憎惡稅'다. OECD는 그 폐지를 권고하고 있고 실제 일본, 아일랜드, 덴마크, 네델란드, 오스트리아가 폐지했다.

그 부유세의 일종으로 노무현 정권 때 종합부동산세가 신설되었다. 부동산투기를 막고 천정부지로 오르던 부동산 가격을 통제할 목적은 '선善'했다. 그러나 은퇴한 노인이 유일하게 가진 재산인 집이 평생 근검절약한 끝에 장만한 것이라면 아무도 그 집을 뺏을 권리는 없다. 그런데 종합부동산세는 그 집을 빼앗는 흉기가 되었다. 그걸 두고 우리가 정의라고 부를 수 있는 것인가?

118-1

보수주의에 대한 또 하나의 왜곡은 '보수주의가 사회적 제약을 만든다'는 것이다.

누구든 사회적 제약을 싫어한다. 개인의 권리 특히 사생활의 침해를 반대한다. 그런데 대개 이런 사회적 제약을 반대하고 자유의 확대를 주장하는 것을 좌파의 사상으로 오해한다.

사실 리버럴리즘은 기존의 사회적 틀에 구속된 개인의 자유를 확대하는 쪽에 서 있다. 대표적인 예로서 동성애자 같은 소수자의 권리를 주장하는 것이다. 그런 까닭에 착오가 생겼다. 사회적 제약들을 정하고 지지하는 것이 보수주의자라는 선입견을 가지게 된 것이다.

그러나 권위주의의 해체를 주장하고, 정부가 개인의 지적知的, 정치적 자유를 포함한 자유에 대해 제약을 하는 것을 반대하는 사상은 보수주의, 더 나아가서 진보주의와 대척점에 서 있는 급진우파 사상인 자유지상주의libertarianism다. 보수주의는 사회 문화적으로 전통과 상식을 존중하는 까닭에 완고해 보이지만 새로운 사회적 제약을 만들지는 않는다.

대부분의 사회적 자유에 대한 제약은 리버럴리즘contemporary liberalism이나 진보주의의 정책에 의한 것이다. 그런 제약들은 평등한 분배를 위한 장치이거나, 사회의 기본적인 통일성을 위한 장치다.(예컨대 금연거리 같은 '도덕에 맡기지 않고 강제하는' 각종 규제들이다.)

좌파야말로 전체주의적 사고思考, 집단주의적 사고를 바탕으로 하는 획일적인 통제가 가능한 사회를 선호하는 것이다.

[119]

우리 정치판에서 남용하는 단어 중에 '상식常識, common sense'은 대표적으로 오용되는 단어다.

대중의 입장에선 상식이란 '자신들과 공유하는 가치'를 의미한다. 정치인이 상식이란 단어를 남용하는 것은 복합적인 의미가 담겨 있다.

첫째, 자신을 정당화하고 상대를 비상식적인 사람으로 만들고 싶은 의중이다.

둘째, 대중을 자신의 편으로 끌어들이려는 목적이다. 대중은 무의식적으로 상식을 말하는 정치인과 동질감同質感을 가지게 된다.

셋째, 대중의 질문을 봉쇄하려 할 때 상식이란 단어보다 더 유용한 단어는 없다. 누구도 상식을 나무라고 싶지는 않기 때문이다.

원래 상식은 보수주의자들이 소중히 여기는 가치다. 전통을 중시하고 기존 질서를 존중하며 권위를 존중하는 것은 전통적 보수주의의 틀이다. 상식은 곧 그 전통과 질서 그리고 사회적 권위를 뜻한다. 그런 틀 안에서 우리가 당연하다고 느끼는 지식이 곧 상식이다. 말하자면 어떤 행위의 결과가 기존의 질서에 부합할 때 우리는 '상식적'이라고 표현하곤 한다.

그에 비해 자유주의자liberalist는 적극적으로 개인의 자유의 확대에 나서면서 사회의 기존 질서를 바꾸려 한다. 예컨대 동성애에 관대한 것이 그것이다. 급진 성향의 자유주의자는 동성결혼의 합법화를 주장하기도 한다.

그런데 진보주의자는 상식을 보는 시각 자체가 다르다. 공산주의 같은 극좌는 물론, 사회민주주의 등 대부분 급진 그룹도 기존의 경제질서는 말할 것도 없이 사회문화적 질서에 대해서도 반감이 크다. 그런 결과 대부분의 기존 질서는 '비상식'으로서 개혁의 대상이다.

그래서 범집단주의자나 자유주의자가 상식을 존중하고 따른다는 것은 그들만의 상식일 가능성이 매우 높다. 대개 그들이 말하는 상식은 정치공학적인 목적 아래 덕지덕지 화장化粧한 말에 지나지 않는 것이다.

120

경제불황은 정치불신政治不信을 부르고 민주주의를 파괴하는 요인이다.

민주주의가 성숙한 사회는 그 가치가 쉽게 훼손되지 않는다. 그런데 민주주의는 제도가 완비되고 교육 수준이 높은 사회라고 해서 성숙되는 것이 아니다.

우리는 흔히 성숙한 민주주의의 요건으로 민도民度를 말하지만, 민도는 대개 민주적인 제도운용이 시스템화 되어 있는지, 교육 정도와 그 수준이 권리를 충분히 행사하고 의무를 기꺼이 이행하는 태세가 되는 데 이른 것인지를 뜻하는 모호한 표현일 뿐이다.

민도는 한편 정의正義에 대한 높은 이해라든지, 도덕에 대한 대중의 공명共鳴을 의미한다. 최근 들어 타인의 권리에 대한 이해와 자기의 권리를 침해당하는 데 대한 수인受忍의 태도까지 민도로 표현하기도 한다.(예컨대 SNS를 통한 사생활의 침해가 빈번한 실태를 두고 '민도가 낮다'고 표현하기도 하고, '님비 현상'을 민도의 문제로 보기도 한다.)

대중은 결코 이성적이지 않다. 그리고 그다지 현명하지도 않다. 오히려 대중은 지적 수준과 상관없이 행동한다. 즉흥적이고 이기적이며 선동煽動에 취약하다. 1930년대 공업화가 된 대표적인 나라들인 영국, 미국, 독일 가운데 독일은 문화수준과 교육수준이 가장 높았다. 그런 나라에서 히틀러의 나치스 정권이 등장할 수 있었던 배경은 무엇인가?

대개 베르사유조약Treaty of Versailles의 가혹한 배상조항과 극심한 경제불황을 든다. 당시의 인플레이션은 지금도 곧잘 인구人口에 회자膾炙될 정도다. 그런 불황이 정치불신을 불렀다. 의회가 제 기능을 못했고 대의제도에 대한 혐오를 일으키게 했다.

결국 경제불황이 민주주의에 역행하는 통치자를 출몰하게 한다. 남미와 아프리카에 좌파 정권이 등장한 것도 같은 이유다.

민주주의라고 하지만 정작 주권을 가진 공동체의 구성원은 그 지적 수준과 처한 환경이 천차만별이어서 어떤 방식으로도 완전하고 조화로운 의사를 추출하지는 못한다. 민주주의는 그 자체가 절대선絶對善이라든가 신성불가침한 진리도 아니다. 사실 공동체가 주권이라는 이름으로 결정하는 모든 의사는 작위적이다.

[121]

통치자는 공허한 담론談論을 멀리 해야 한다.

현실과 동떨어진 고담준론高談峻論만이 아니다. 사안의 경중輕重을 모르고 작은 일을 부풀려 키운 것 역시 공허한 담론이다. 무릇 통치자는 이 둘을 일삼는 자를 멀리 해야 한다.

그 대표적인 자들이 폴리페서polifessor라고 불리는 정치지향 교수들이다. 통치자 주변에 얼쩡거리는 교수들이란 대부분 현실은 전혀 모른 채 '상상으로 하는 논쟁argument in imagination'에 맛을 들인 자들이다. 단언하건대 한국 정치를 후퇴시킨 주범主犯은 바로 이들이다.

사회학자 리처드 도티Richard Daughty는 적용이 가능한 구체적인 프로그램을 가지지 않는 좌파 정치학자들을 두고 '관객의 정치학politics of spectatorship'이라고 불렀다. 이른바 우리 '강단좌파'들(혹은 '강남좌파'들)도 그들과 닮았다. 정치인처럼 거대담론을 즐겨 입에 올리는 것도 흡사하다.

그렇다면 강단좌파 중 경제학자들은 '관객의 경제학economics of spectatorship'이라고 불러도 될 것이다. 그 관객은 보고 싶은 것만 보는 관객이다. 예컨대 그들이 말하는 '경제민주화'는 실상은 전부 흘러간 레퍼토리다.

관객의 정치학, 관객의 경제학은 곧 '위선의 정치학'과 '위선의 경제학'인 것이다.

그런 위선의 말들은 당연히 엉터리가 많다. 예를 들어보자. '고용과 복지를 확대해 내수를 늘려서 수출일변도 경제구조를 바로잡아야' 한다거나 '중소기업 중심으로 수출과 내수를 쌍끌이 해야 한다'고 한다. '가처분소득이 늘어야 물건이 팔려 생산성이 높아지니, 임금을 늘리거나 복지를 통해 가처분소득을 늘려야 한다'고도 한다. 그래서 복지를 위해 '부자증세도 하고 채권도 발행하자'고 한다. 이쯤 되면 현실과 너무 동떨어져 마치 SF소설을 읽는 것 같다. 심지어 '우리가 생각하는 복지를 기본으로 하는 건 유럽 보수정당'이라는 거짓말을 태연히 하는 자도 있다.

기본적으로 고용은 누가 어떻게 늘릴 수 있는지, 넘쳐나는 대졸자를 수용할 고소득 전문직 일자리가 있기나 한 것인지, 복지의 확대가 내수를 어떻게 확대하는 것인지, 근로윤리의 향상이 없어도 물건이 잘 팔리면 생산성이 느는 것인지, 대중의 대기업 선호에 반反해서 어떻게 중소기업 중심으로 내수를 진작할 수 있는지에 대한 고민은 하나도 없다.

고용을 늘리기 위한 투자환경은 도외시한 채 고용확대를 말하는 건 어불성설이다. 노동경직성을 방치한 채 고용확대를 외친들 응할 수 있는 기업이 없다. 높은 실업률을 말하기 전에 고등교육의 보편화가 가져온 교육부실화의 폐단을 안다면 교육정책부터 바꾸어야 한다. 중소기업이 성장하기 위해서는 기술력 확보와 함께 공정거래가 필수적이다. 설익은 고유업종 지정으로는 중소기업은 되레 무너진다. 복지의 확대로 가처분 소득을 늘리고 내수를 진작한다는 것은 문자 그대로 강단에서나 나오는 말이다. 가처분 소득의 증대는 복지 확대가 아니라 임금확대와 가계비용의 축소로 가능한 것인데, 가계비용 중에 불변비용이 주로 사교육비 주거비 통신비인 것을 감안하면 사회정책과 부동산 정책의 대수술이 전제되어야 하는 것이다. 그리고 임금확대는 생산성 향상과 함께 하지 않으면 기업이 살아남을 수 없다.

그러니까 강단좌파들의 주장은 너무 허무해 거론할 가치가 없다. 그들이 자주 입에 올리는 결정적인 희극적 대사臺詞는 비스마르크를 두고 '꼴통'이라면서도 '복지를 하면 극좌파 입지가 줄어든다'고 한 그의 말을 표절하는 것이다.

122

우리 좌파-범汎집단주의자들은 대개 세 부류다.

자신은 좌파라고 믿고 있지만 좌파에 무지한 자, 전혀 좌파가 아니면서도 좌파노릇을 출세의 수단으로 삼은 자, 그리고 진짜 좌파다. 게다가 김일성 일가를 숭배하는 유사類似 좌파인 주사파도 있다.(NL이니 PD니 나누는 것이야말로 유사좌파를 좌파로 인정하는 것이다.)

원래 좌파는 개인으로 사고思考하지 않고 계급으로 사고한다. 종국終局에는 계급이 없는 만인이 평등한 사회를 꿈꾼다. 그런데 우리 좌파는 출발부터 다르다. '진짜 좌파'도 자신에 대해서는 철저하게 개인으로 사고한다. 일찍이 마르크스가 프루동을 '좌우를 오가는 기회주의자'로 매도하면서 『철학의 빈곤』에서 쁘띠 부르주아petit bourgeoisie라고 냉소한 전형적인 모습을 답습했다.(아마 마르크스가 우리 좌파들을 보았으면 침을 뱉었을 것이다.)

문제는 좌파에 무지한데도 자신을 좌파라고 믿는 자들의 행동패턴이다. 그들은 이념에 자신이 없으므로 '좌파의 원칙'을 고집하고 거기에 얽매인다. 정책에 대한 깊은 이해가 없기 때문에 '진짜 좌파'가 보이는 정책에 대한 유연성이 없다. 그런 강성强性은 결국 좌파의 외연外延을 넓히는데 장애가 된다.

자신이 우파적 사고를 가졌는데도 좌파 연然 하는 자들은 의외로 많다. 이 자들은 철저히 자기중심적이고 이해타산에 따라 행동한다. 빈자貧者와 약자 앞에서 눈물을 훔치는 정치인은 대개 이 부류에 속한다. 이들의 이율배반적인 행동은 여러 군데서 드러난다. 예컨대 반미反美를 외치면서도 자식을 미국에 조기유학을 보내거나 심지어 자식의 국적을 미국으로 바꾸기도 한다. 물론 여러 변명이 따라붙는다.

전원책의 신군주론

초판 1쇄 2014년 10월 23일
4쇄 2017년 1월 2일

지은이 | 전원책

발행인 | 이상언
제작책임 | 노재현
발행처 | 중앙일보플러스(주)
주소 | (04517) 서울시 중구 통일로 92 에이스타워 4층
등록 | 2007년 2월 13일 제2-4561호
판매 | 1588-0950
제작 | (02)6416-3988
홈페이지 | www.joongangbooks.co.kr
페이스북 | www.facebook.com/hellojbooks

ISBN 978-89-278-0582-3 03300

중앙북스는 중앙일보플러스(주)의 단행본 출판 브랜드입니다.